CW01460974

Gonsar Rimpoché

# La Prise de Refuge

## Fondements et signification

Première édition française 2001

Tous droits réservés
© Edition Rabten, CH-1801 Le Mont-Pèlerin
http://edition.rabten.com

Composition : Edition Rabten
Impression : Edition Rabten

Imprimé sur du papier blanchi sans chlore et sans acide

ISBN 3-905497-33-6

# Table des matières

*Bouddha Shakyamouni*

*Djé Tsong Khapa*

Ces enseignements ont été transmis par le Vénérable Gonsar Rimpoché en allemand, le 20 mai et le 24 juin 1993 à Bâle, au Groupe d'études de Rabten Shaedrup Ling. La version française est tirée de l'édition allemande.

# La Prise de Refuge

*Fondements et signification*

Nous nous rencontrons régulièrement pour tenter d'étudier ensemble les enseignements du Bouddha exposant les différentes étapes du chemin qui mène à l'éveil.

Comme je l'ai déjà mentionné, le Bouddhisme présente trois principaux aspects : «les vues correctes», «l'éthique» et «la méditation». Toutes les pratiques bouddhistes sont contenues dans ces trois points et si nous voulons sérieusement pratiquer le Dharma, nous devons comprendre précisément ce que sont, dans ce contexte, les vues, l'éthique et la méditation correctes.

Lorsque nous en aurons acquis une compréhension exacte, nous devrons entreprendre de les mettre en application dès le début.

Bien qu'indispensable, l'approche philosophique à elle seule est insuffisante. Les attitudes du corps, de la parole et de l'esprit sont également importantes et doivent nécessairement être prises en compte, mais elles ne suffisent pas non plus. Si on se limite à ces deux aspects, on exclut la pratique de la méditation. Or, les vues correctes, l'éthique correcte et la méditation correcte doivent être pratiquées conjointement. De cette manière, elles deviendront profitables et permettront la progression voulue. Cela est essentiel.

Méditer signifie «diriger son esprit sur un objet». En l'occurrence, les objets vers lesquels nous l'orientons sont les points exposés dans la voie progressive qui mène à l'éveil. Lors de la méditation, c'est donc sur des points d'importance primordiale que l'esprit doit être focalisé.

Dans le cadre de la pratique du Dharma, la méditation est un véritable travail intérieur. Les vues correctes et l'éthique sont cependant tout aussi importantes. Bien qu'elles puissent sembler respectivement plus intellectuelles ou plus extérieures, les vues correctes et la discipline morale constituent la base indispensable.

La méditation, quant à elle, n'est pas une activité corporelle ; elle n'est pas non plus extérieure, ni purement intellectuelle. Elle est un véritable travail intérieur de l'esprit. C'est pourquoi on la désigne comme l'essentiel de la pratique du Dharma. La méditation étant un travail spirituel, tout ce que nous y mettons en œuvre, ce contre quoi nous luttons, ce que nous voulons écarter ou développer, favoriser ou accroître... tout se trouve dans l'esprit. Ce sont autant d'erreurs, de concepts et de qualités de l'esprit.

Certes, une réelle application à l'éthique et à la maîtrise des vues philosophiques correctes est un fondement indispensable à la méditation et s'avère très précieuse pour celui qui a vraiment l'intention de s'y consacrer. Toutefois, la méditation demeure l'activité dominante de la pratique du Dharma. Avec elle en commence vraiment l'essentiel. La discipline morale et les vues correctes en constituent les préliminaires. Si nous essayons de méditer, nous entrons au cœur de la véritable pratique du Dharma. Si nous ne méditons pas, c'est que nous n'avons pas encore abordé l'essentiel.

La pratique intérieure majeure du Dharma commence avec la méditation de concentration et la méditation analytique. Ceux qui portent un intérêt sérieux au Dharma cherchent à mettre en œuvre l'une ou l'autre de ces méthodes. Mais, le plus souvent, nos tentatives en la matière ne se montrent pas vraiment fructueuses. Notre esprit peine à se stabiliser. Nous méditons, récitons des textes, procédons à des visualisations et faisons des efforts de concentration, mais nous n'obtenons pas vraiment de résultats probants. C'est effectivement ce qui se produit dans notre pratique.

Pourquoi rencontrons-nous ce problème ? D'où vient-il ? Du fait qu'il manque à notre pratique du Dharma une base capitale : la confiance, la conviction stable et surtout la véritable attitude de refuge. Soit nous n'avons pas bien compris le sens de la «prise de refuge», soit nous l'avons compris mais cela reste en notre esprit quelque chose de superficiel, voire même de simples mots.

Tout ce que nous tenterons de faire sur une telle base, que ce soit matin et soir ou une fois par jour, ou tous les deux jours, ne donnera pas grand résultat, pour la seule raison que la véritable attitude du refuge nous fait défaut. En l'absence de cette cause, ce n'est même pas la peine d'essayer. C'est pourquoi, prendre refuge est un point de toute première importance. C'est un élément déterminant de la méditation elle-même.

Si nous ne faisons que nous intéresser à la philosophie bouddhiste ou si nous nous contentons de la seule pratique d'une certaine éthique, alors il n'est pas indispensable de prendre refuge.

On peut très bien éprouver un intérêt pour la philosophie bouddhiste, l'étudier, acquérir à ce sujet de nombreuses connaissances. Que l'on y adhère ou non, c'est une autre question. On peut aussi observer une certaine discipline morale, rejeter les actions négatives et pratiquer les actions positives. Pour cela, il n'est pas forcément nécessaire de prendre refuge. En revanche, si l'on veut réaliser un travail intérieur, s'engager dans une vraie pratique du Dharma, méditer..., la prise de refuge devient alors indispensable. En son absence, il ne faut pas s'attendre à des effets tangibles.

C'est bien là que réside le problème. Soit la pratique du refuge véritable fait défaut, soit, bien que n'étant pas totalement absente, elle manque de profondeur et de stabilité. Et c'est avec cet état d'esprit que nous méditons sur des Déités, que nous les visualisons, que nous récitons des *Mantras*, prenons beaucoup d'initiations... Tous ces procédés ne donneront pas grands résultats aussi longtemps qu'il manque l'essentiel : une véritable prise de refuge.

Si nous voulons pratiquer sérieusement le Dharma, méditer vraiment et être sûrs de faire rapidement des progrès, comme le disent les Ecritures, et comme cela est toujours enseigné, il est indispensable de s'appliquer à une pratique du refuge stable et profonde. Sans cette motivation, sans cette disposition d'esprit, il n'y a pas de pratique de la méditation s'inscrivant dans le cadre du Dharma.

Certains exercices de concentration n'appartiennent pas exclusivement à la voie bouddhiste et n'exigent pas que l'on prenne refuge. Mais pour toute méditation propre au Dharma, on ne peut se passer de cette base. Prendre refuge est alors comme une locomotive. Si des wagons sont accrochés, le train tout entier suivra la direction prise par la locomotive. Si la prise de refuge est puissante, profonde et sans erreur, toute méditation en découlant s'effectuera sans erreur, sans grande difficulté, avec autant de rapidité et de précision que les trains suisses. Mais si l'attitude de refuge est vague, mal définie, la méditation ne fonctionnera pas correctement. Cela est très important.

Peut-être avez-vous déjà souvent entendu des explications sur la pratique du refuge ; j'ai exposé ce point notamment lors de l'introduction à l'enseignement de la voie progressive *(Lam Rim)* ; néanmoins, plus j'y réfléchis, plus il me semble important de bien en définir le sens pour que puisse être assuré le succès des pratiquants sérieux. Prendre refuge, c'est la clef dont dépend toute la pratique de la voie bouddhiste.

Beaucoup se méprennent à ce propos. Certains pensent que la prise de refuge n'est qu'une prière récitée avant la méditation, mais ils se trompent. D'autres s'imaginent que c'est une cérémonie où l'on promet quelque chose devant un *Lama*. Ce n'est pas cela non plus. D'autres encore croient que c'est un rituel de conversion au Bouddhisme. Cela est totalement faux. Un tel rituel n'existe pas dans le Bouddhisme. Ce ne sont là que des compréhensions erronées de la pratique du refuge.

On peut croire aussi, parfois, que la pratique du refuge est uniquement destinée aux débutants, que c'est un exercice pour les néophytes que l'on peut vite oublier ensuite. C'est tout aussi faux.

La pratique du refuge est toujours nécessaire, depuis le début de la pratique du Dharma jusqu'à l'obtention de l'éveil complet, et même après. Toutes les méditations des *Soutras* et des *Tantras*, les méditations formelles et non formelles, les méditations abstraites ou concrètes, toutes doivent prendre appui sur la prise de refuge. Toutes les pratiques du Dharma doivent, par conséquent, l'intégrer. Si cette base manque, tout manque et le résultat ne peut pas être obtenu.

Pour pouvoir faire naître la sagesse correcte en notre esprit, nous devons obligatoirement développer à la fois «la méditation de concentration» *(Samatha)* et «la méditation analytique» *(Vipassana)*. Il ne s'agit pas ici de n'importe quelle méditation analytique, mais de celle qui est axée sur la nature ultime des phénomènes. Avec une telle sagesse, nous pourrons éliminer la racine des perturbations mentales et trancher la racine de toute souffrance. D'où l'importance de ces deux formes de méditation (de concentration et d'analyse) qui s'avèrent l'une comme l'autre indispensables.

Or, nous ne pourrons assurer le succès de notre pratique de samatha et vipassiana qu'en l'appuyant sur la base solide de la pratique du refuge. A défaut, même si nous nous efforçons longtemps au développement de ces deux sortes de méditation, il subsistera toujours un risque, celui de perdre notre temps sans obtenir aucun résultat. Rappelons-nous sans cesse que prendre refuge est la clef du succès de la méditation.

Mais «prendre refuge», «pratiquer le refuge», qu'est-ce que cela veut dire ? Ce n'est pas facile à bien comprendre. Ce n'est pas seulement le début d'un exercice, c'est en fait l'essentiel du Dharma. Pour prendre correctement refuge, il faut savoir exactement de quoi il s'agit. Pourquoi prenons-nous refuge ? Auprès de qui ? Ces points doivent être très clairs et précis en notre esprit qui devra être animé par une grande confiance. Alors, nous pourrons vraiment prendre refuge.

Il serait vraiment singulier de négliger ces points pour ne s'atteler qu'à des pratiques supérieures. De nos jours, bien des choses sont étranges. On voit, par exemple, des gens qui ont pris jusqu'aux plus hautes initiations tantriques, qui ont pris des vœux tantriques, des engagements importants, qui ont fait de nombreuses retraites, mais qui ne savent pas ce que signifie réellement prendre refuge. Si on leur demande ce que cela veut dire, ils sont incapables de l'expliquer. Ignorant le véritable sens du refuge, ils sont même parfois incapables de dire s'ils ont ou non pris refuge. Ces situations bizarres existent !

Celui qui pratique le Dharma de cette manière ressemble à une personne sans tête. Si la tête est absente, c'est bien le plus important qui manque. Une personne sans tête ne peut pas arriver à grand chose. Si la prise de refuge manque, ou qu'elle n'est pas claire, c'est à peu près la même chose. On pourra s'adonner à toutes sortes de pratiques, méditer etc. mais on n'atteindra aucun résultat tangible.

Nous ne devons pas sous-estimer la prise de refuge. Elle est en fait ce qu'il y a de plus important et peut aussi être une pratique très élevée. Selon la motivation qui l'induit, elle peut être une activité mondaine, ou l'acte d'un pratiquant de motivation inférieure, moyenne ou supérieure. Prendre refuge est une pratique très profonde et très riche, envisageable à divers degrés. Elle ne doit en aucun cas être considérée comme simpliste et négligeable.

Pour bien la comprendre, nous devons nous interroger sur notre propre situation : Pourquoi faut-il que nous prenions refuge ? Et sur quelle base ? Cela doit être clair. Nous devons être entièrement convaincus des raisons de notre démarche. Mais cette conviction ne peut venir que d'une prise de conscience réaliste de notre situation. Nous devons l'évaluer sans nous faire d'illusions, sans l'enjoliver ni la sous-estimer. Il nous faut la reconnaître objectivement, la voir telle qu'elle est exactement, sans plus ni moins. De cette connaissance naîtra la motivation correcte, appropriée pour prendre refuge. Une véritable prise de refuge est, de fait, la conséquence d'une pleine prise de conscience de la réalité de notre situation.

C'est pourquoi, sans reconnaître notre situation d'une manière exempte d'erreur, de fantaisie, ou d'illusions, nous ne pourrons pas prendre sincèrement et sérieusement refuge. Nous risquerons alors de ne voir dans cette pratique qu'une simple coutume bouddhiste. La pratique du refuge n'est pas une coutume. Même si elle l'était, elle n'aurait rien de particulièrement attrayant ou spectaculaire.

Nous prenons refuge parce que c'est pour nous une absolue nécessité. Nous devons admettre cette nécessité et pour cela, il nous faut prendre conscience de la situation dans laquelle nous nous trouvons. Si nous prenons la peine d'y réfléchir, nous pourrons la définir avec exactitude. Mais si nous n'y prêtons aucune attention, nous n'aurons, comme beaucoup de gens, qu'une compréhension superficielle et imparfaite de notre condition.

Nous avons en l'esprit de nombreux obstacles tels que l'orgueil, l'ignorance, l'arrogance, le doute et bien d'autres... qui nous empêchent de prendre conscience de la réalité de notre situation. Au début des enseignements du Lam Rim, nous apprenons que notre vie actuelle est très rare et infiniment précieuse, et que nous sommes donc très fortunés de pouvoir jouir de cette naissance humaine. A ce propos, sont soulignées les huit libertés et les dix qualités ou attributs qui donnent à cette vie sa valeur inestimable. C'est une des spécificités de notre condition. Mais elle n'est pas pour autant satisfaisante et sans défaut.

Si nous tirons profit, à bon escient, de l'opportunité exceptionnelle de cette existence, nous avons une chance de la rendre parfaite. C'est un fait. Mais à simplement l'observer, elle est loin d'être excellente et n'a rien de si extraordinaire. Au contraire, nous sommes les premiers à dire que nous sommes constamment confrontés à toutes sortes de problèmes et de difficultés. De plus, cette chance qui est la nôtre ne durera pas. Ce sort heureux passe très vite et nous aurons tôt fait de le perdre. Il est, par conséquent, dépourvu de fiabilité.

Toujours est-il que nous sommes sans cesse préoccupés par quelque problème. Notre vie est enracinée dans les difficultés de tous ordres. Cela ne veut pas dire qu'il nous faille toujours souffrir ou être tristes. Nous faisons, plus qu'il n'en faut, des expériences désagréables, douloureuses, mais il serait faux d'affirmer qu'il n'y a que celles-là.

Les êtres vivants de toutes catégories font les expériences les plus diverses. Celles des êtres humains sont également multiples. Les uns sont très heureux, les autres très malheureux. Certains croulent sous les problèmes, d'autres sont plutôt épargnés. Superficiellement, on observe une grande diversité d'expériences. Néanmoins, le problème fondamental est toujours le même : nous faisons l'expérience de ce que les enseignements bouddhistes appellent le cycle des existences conditionnées, le *Samsara*.

Tous ceux qui se trouvent dans le cycle des existences vivent la même situation, éprouvent les mêmes difficultés. Le Samsara s'enracine dans les difficultés et les problèmes qui sont le lot de tous ceux qui le vivent, humains ou non-humains. Les humains y font cependant des expériences plus variées, mais cela ne change rien au problème fondamental, celui de notre absence de liberté, de notre impuissance à disposer librement de nous-mêmes face à notre propre destin. Cette incapacité à disposer librement de soi-même face à son destin signifie que depuis la naissance jusqu'à la mort, les expériences de la vie se succèdent sans que l'on puisse les contrôler, sans que l'on puisse les diriger selon ses propres désirs. Nous n'arrivons pas à maîtriser notre destin. C'est une triste constatation, mais c'est la réalité de notre vie quotidienne.

Nous sommes des êtres vivants ; nous sommes nés il y a quelques temps. Réfléchissons à la manière dont nous sommes nés, dont notre vie s'écoule, dont nous mourrons le jour venu, et à ce qui se passera ensuite. Tout cela se déroule hors de notre contrôle. Nul n'est venu au monde en ayant consciemment planifié l'accomplissement d'un dessein élevé, en ayant décidé des circonstances précises nécessaires à son aboutissement.

Quel est le sens de la vie ? se demande-t-on toujours. C'est à nous de lui donner un sens, de la destiner à un but déterminé. Si nous ne lui donnons ni but ni sens, elle n'en aura pas. Certains disent : «Il me semble que je suis appelé à un grand destin». En fait, ce «grand destin» n'a rien de mystérieux. Nous devons concevoir un but qui soit bénéfique pour nous-mêmes et pour les autres êtres vivants. Mais c'est à nous qu'il incombe de fixer le but de notre existence. Si nous ne le faisons pas, ce n'est pas le cycle des existences qui le fera. Du cycle des existences lui-même, aucun but ne peut émerger par le seul pouvoir de notre naissance. Notre cycle des existences n'accomplit pas de but particulier. Personne ne nous a envoyés sur cette Terre depuis un endroit quelconque, en nous investissant d'une mission. On peut, bien sûr, imaginer de telles fantaisies, mais elles n'ont rien à voir avec la réalité.

En fait, nous sommes plutôt tombés dans le cycle des existences, comme on tombe dans un piège, victime d'une quelconque supercherie. Telle est notre situation. Les êtres ordinaires sont incapables de planifier leur destin ; ils ne peuvent décider ni du lieu, ni de l'heure ni de l'environnement de leur naissance. Et nous nous retrouvons là, sans avoir pu exercer sur notre sort le moindre contrôle.

Fort heureusement pour nous, notre situation actuelle n'est pas intolérable, mais plutôt fortunée. Certes, elle n'est pas due au hasard mais à des raisons précises. Néanmoins, son origine et sa cause échappent à nos propres décisions. Nos plans et nos souhaits n'en sont pas la cause. Si notre destin est hors de notre propre contrôle, cela ne veut pas dire pour autant qu'il est entre les mains de quelqu'un d'autre, d'autres individus ou sans relation avec nous-mêmes. Notre destin est effectivement entre nos mains, mais cela ne veut pas dire que nous pouvons le façonner à notre guise conformément à nos désirs.

Notre destin et notre condition sont les effets normaux résultant de nos propres actions, de ce que nous appelons *Karma*. Le Karma n'est rien d'autre que «nos propres actions». Notre destin n'est donc pas le fruit d'actions commises par quelqu'un d'autre, mais exclusivement des nôtres. Ainsi, nos expériences sont fonction de nos propres actions. Elles en sont le fruit, que nous le voulions ou non. Nous avons créé la cause et subissons donc fatalement le résultat. C'est de cette manière que nous sommes liés à notre destin, au travers de nos actions, et non par nos désirs, nos décisions ou nos projets.

Pour l'instant la libre disposition de nous-mêmes, de façonner notre destin, nous fait défaut. En effet, nous éprouvons certains dé-sirs, mais ce qui nous arrive peut être totale-ment différent. C'est en cela que notre destin échappe à notre contrôle. C'est la réalité. Et c'est bien là que se situe le problème fonda-mental, le niveau le plus profond de nos souffrances et de nos difficultés. C'est là que prennent racine tous nos maux et tous les désagréments auxquels nous sommes con-frontés. C'est ce dont nous faisons nous-mêmes l'expérience. Il ne s'agit ni d'une croyance ni d'une superstition.

Si nous réfléchissons au cours de notre vie et aux diverses étapes qui la jalonnent de-puis notre naissance jusqu'à notre mort, nous nous apercevons aisément que nous ne contrôlons pas notre destin. Selon le Bouddhisme, la naissance se produit dès l'instant où la conscience d'un être entre en contact avec les cellules parentales. La naissance, au sens bouddhiste du terme, a donc lieu dans la matrice de la mère à ce premier instant. Dès le deuxième instant, jusqu'à la fin de sa vie, l'individu est soumis à un processus de vieillissement. Dans le Bouddhisme, le long déroulement de la vie embryonnaire et fœtale jusqu'à l'expulsion est appelé «vieillissement». Cela ne veut pas dire que l'on a atteint un âge avancé, mais seulement que l'on a vieilli, que l'on est devenu plus âgé. En effet, dès le deuxième instant suivant la naissance, les êtres ne font que vieillir. En aucun cas ils ne peuvent rajeunir. Ce processus de vieillissement comporte plusieurs stades : celui de la vie utérine, celui de bébé, celui de l'enfance, suivie de l'adolescence. Vient ensuite l'âge adulte, puis le grand âge. Nous traversons toutes ces phases sans pouvoir exercer sur elles le moindre contrôle.

Nous n'avons pas le pouvoir d'intervenir dans ce processus, que ce soit pour l'arrêter, le ralentir ou l'accélérer. Il se déroule à son propre rythme, comme une course de chevaux. Et son aboutissement est la fin de notre vie, la mort. Cela aussi est une réalité que nous devrons tous affronter tôt ou tard, que cela nous plaise ou non. Personne ne peut éviter la mort. Nous devrons tous en faire l'expérience. Mais quand, où et comment ? Cela échappe également à notre contrôle.

Si l'ensemble du système s'arrêtait avec la mort, ce ne serait pas si mal. Le problème c'est que la mort n'y met pas fin. Il continue, et de nouveau, qu'on le veuille ou non, aussi longtemps que la cause subsiste, se produit le résultat d'une nouvelle naissance. De quel genre de renaissance allons-nous faire l'expérience ? Nous n'avons pas la possibilité de choisir. Cela non plus nous ne le contrôlons pas. Nous reprendrons une naissance quelconque, sans rien pouvoir contrôler, tout comme, dans cette vie présente, nous avons pris naissance en toute inconscience.

Renaître dans l'inconscience, comme nous le faisons, est aussi un signe de notre ignorance. Il est dit que la racine du cycle des existences est l'ignorance et cela ne fait aucun doute. L'ignorance subtile, la méconnaissance, notre inconscience de ce qu'est notre propre nature ultime, les conceptions erronées que nous en avons, telle est l'ignorance fondamentale, celle qui constitue la base du cycle des existences. C'est elle qui est responsable de la falsification de tout ce qui se présente à nous. C'est en elle que prennent racine toutes les perturbations mentales impliquées par les saisies erronées qu'opère notre esprit.

A cause de cette ignorance, nous devons cheminer dans le cycle des existences, prendre naissance, poursuivre notre route, puis mourir, renaître dans la plus totale inconscience. C'est pourquoi j'ai dit que nous étions tombés dans le piège. Quand nous reprenons naissance, nous pouvons être n'importe où et nous n'avons pas la moindre conscience de ce qui va nous arriver. C'est exactement ce qui s'est produit dans notre vie présente. Bien sûr, sur un plan général, nous savons beaucoup de choses. Nous connaissons des noms et des objets en grand nombre. Mais la majeure partie de notre savoir demeure superficielle et ne nous est pas très utile du point de vue ultime. Nous vivons d'une manière fondamentalement inconsciente, et c'est dans l'inconscience que nous traversons les étapes de la vie. Comprenez bien ce que nous entendons par «inconscience» !

Dans le rêve, par exemple, nous agissons. Nous rencontrons des gens, faisons leur connaissance, leur parlons... Mais tant que dure le rêve, personne n'est conscient de rêver. C'est inconsciemment que nous évoluons dans le rêve et y faisons l'expérience de joies ou de douleurs. Le processus du rêve n'est pas en tous points identique au déroulement de notre vie dans la réalité, mais il lui est assez semblable.

En fait, notre vie réelle n'est pas plus vraie que le rêve. C'est une autre manière de rêver. Bien sûr, nous sommes à présent parfaitement réveillés, et il y a une différence incontestable entre l'état de veille et le sommeil. Néanmoins, bien que ne dormant pas, nous nous trouvons dans un autre sommeil, celui de l'ignorance. Bien qu'en apparence, nous connaissions un grand nombre de choses, fondamentalement, nous demeurons dans l'inconscience du sommeil.

Se réveiller d'un tel sommeil est difficile, mais ce n'est pas impossible. Sortir de ce sommeil, devenir conscients, prendre naissance d'une manière consciente, vivre consciemment, mourir consciemment, renaître consciemment... tout cela est possible, bien qu'il ne soit pas aisé d'amener l'esprit à un tel niveau de conscience. C'est parce que c'est difficile que nous sommes toujours dans le cycle des existences, plongés dans le profond sommeil de l'ignorance.

Nous ne savons pas ce qu'il adviendra de nous demain. Nous pouvons envisager les événements à venir en nous basant sur une analyse logique des situations et nous dire que les choses se passeront de telle ou telle manière. Mais en avons-nous une connaissance directe, intuitive ? Non ! Et parce que cette connaissance directe nous fait défaut, il arrive souvent qu'en dépit du fondement logique de nos réflexions, ce que nous avions imaginé ne correspond pas du tout à la réalité. C'est le propre de notre condition et nous le vérifions constamment.

Ainsi, lorsque nous affirmons que l'origine de la souffrance est l'ignorance qui est elle-même la racine du cycle des existences, il y a à cela un sens très subtil.

Peut-être avez-vous déjà entendu de multiples explications sur le Samsara et ses souffrances, mais des précisions supplémentaires nous sont toujours nécessaires. Elles ne sont pas superflues. Il est enseigné que le cycle des existences a pour cause notre *Karma* et nos «perturbations mentales» ou *Kleshas*. Peut-être le croyez-vous effectivement. Mais souvent, nous ne faisons que l'admettre de façon naïve ou nous contentons d'une présomption. Ces points sont, en réalité, beaucoup plus subtils et délicats. Nous devons les comprendre vraiment. A défaut d'une compréhension exacte, nous ne pourrons pas en être intimement convaincus.

C'est pourquoi mon objectif est d'apporter plus de clarté et de précision à l'explication de ce sujet. Je ne sais pas si j'y parviendrai ou si je rendrai ce point encore plus confus dans vos esprits. Néanmoins, mon intention est bien de le préciser à la manière dont on affine une sculpture. On peut en effet avoir déjà taillé la forme du corps, mais il reste à sculpter le contour des yeux.

Le problème essentiel du Samsara, de l'existence cyclique réside, répétons-le, dans le fait que nous n'avons pas le choix, nous ne sommes pas libres et sommes incapables de contrôler notre destinée. Certes, nous jouissons tous d'une certaine liberté, mais c'est une liberté superficielle. Cette liberté là, on peut nous en priver comme les Chinois ont privé les Tibétains de la leur ; mais on peut aussi la recouvrer... Nous avons aussi la liberté de choisir ce que nous mangerons ce soir. Tout cela est tout à fait correct. Mais il s'agit d'un autre niveau de liberté, c'est alors une liberté superficielle, sur un plan conventionnel.

Au niveau ultime, profond, tous les êtres vivants sensibles sont égaux dans le cycle des existences. Depuis les plus hautes divinités du royaume des «êtres célestes» *(Devas)* jusqu'à l'animal le plus misérable, tous souffrent fondamentalement de ce manque cruel de liberté, de libre disposition de soi-même.

Cela signifie qu'ils ne peuvent contrôler ni leur naissance, ni le déroulement de leur vie, ni le processus de vieillissement, ni leur mort, ni leur renaissance... De ce fait, nous nous trouvons tous confrontés à d'incommensurables difficultés. Nous rencontrons des situations désagréables, nous n'obtenons pas ce qui nous est agréable, alors que nous le souhaitons ardemment ; nous subissons la dégradation de nos richesses, de notre force, de nos capacités, de notre position sociale etc. Toutes ces expériences engendrent en notre esprit tristesse, sentiments de frustration, malaise... Dans notre corps, nous éprouvons les souffrances physiques de la faim, de la soif, de la douleur, de la maladie... Ainsi, les multiples aspects de la souffrance ne cessent de se manifester tout au long de notre vie. Mais le mal profond reste celui de notre manque total de liberté et de l'inconscience la plus totale dans laquelle notre esprit est plongé.

Notre existence est conditionnée par le Karma et «les perturbations mentales» (Klesha). Qu'est-ce que cela signifie vraiment ? Il faut également préciser ce propos. Comment s'opère ce conditionnement de notre vie ? Quel rôle le Karma joue-t-il ? Nos actions sont le Karma. Les actions que nous accomplissons maintenant auront-elles un effet dans nos vies futures ? Si nous ne comprenons pas bien cette relation, nous ne pourrons pas faire naître une véritable conviction. Nous nous bornerons à une sorte de croyance aveugle ou superstitieuse.

Dans le Bouddhisme, nous croyons que si nous accomplissons des actions positives dans cette vie, nous obtiendrons de bons résultats dans la prochaine et que si nous commettons à présent des actions négatives, nous récolterons, dans l'existence suivante, des résultats négatifs. Très bien ! Encore faut-il comprendre avec exactitude comment cela fonctionne, car sans une juste compréhension, il n'y a pas de conviction fondée.

Pour saisir correctement tout cela, il faut savoir ce qu'est un être vivant, et précisément un être vivant sensible. Sans comprendre cette notion d'être sensible, on ne pourra pas comprendre la notion de Karma, entre autres.

Nous, par exemple, sommes des êtres sensibles. Qu'est-ce qui fait de nous des êtres vivants sensibles ? Pour être un individu sensible, il ne suffit pas d'être capable de bouger son corps. Les robots ou d'autres formes d'existence peuvent effectuer des mouvements sans être pour autant des êtres sensibles. Une grande différence sépare les êtres vivants sensibles des objets inanimés. Une action positive ou négative accomplie à l'égard d'un être sensible aura des répercussions karmiques, tandis que les actions accomplies envers des objets inanimés seront sans effets karmiques. Par exemple, si nous prenons soin d'un vase, l'astiquons, le polissons, nous n'accumulerons, au travers de cette action, aucun Karma positif. Si nous le cassons, nous aurons simplement accompli une action neutre. En revanche, si ce vase appartient à quelqu'un d'autre, en le cassant, nous rendons son propriétaire malheureux, et nous accumulons de ce fait un Karma négatif, non pas en relation avec le vase, mais en liaison avec la personne qui souffre. Bien sûr, briser un vase n'a pas le même effet karmique que le fait de tuer un être vivant.

Il y a une grande différence entre les choses et les êtres. Le critère déterminant un être vivant animé (sensible), ce qui le définit, c'est la présence d'une conscience, d'un esprit. Tout phénomène muni d'une conscience, d'un esprit est, quelle que soit sa dimension, un être sensible. Toute existence dépourvue de conscience, quelle que soit sa forme, n'est pas un être animé, sensible. Une chose qui aurait forme humaine, une statue par exemple, qui serait l'œuvre d'un très grand sculpteur, fut-elle plus belle encore que la personne qui a servi de modèle, étant dépourvue de conscience, ne sera jamais un être vivant sensible. Un objet sans conscience ne peut rien ressentir, ne peut ni éprouver la souffrance, ni faire l'expérience du bonheur. En revanche, selon la teneur de ses propres actes, un être vivant doté d'un esprit fera l'expérience du bonheur et de la souffrance. Ce qui est ici déterminant, c'est la faculté de ressentir, d'expérimenter. Seuls les êtres vivants dits sensibles peuvent faire des expériences. Cela est une de leur spécificité. Aucun objet inanimé n'en a la capacité.

Qu'est-ce qu'une expérience ? C'est en fait une expérience de la conscience. Les expériences corporelles sont aussi des expériences de la conscience. Maladie ou douleur physique, sensation agréable ou désagréable, toutes ces expériences corporelles ne sont rien d'autre que des expériences de la conscience. Ce qui constitue l'essence d'un être sensible, c'est sa conscience, son continuum mental.

Dans le cycle des existences, le Samsara, il existe également des êtres vivants sans forme. Nous parlons alors du royaume sans forme. Dans ce domaine samsarique, les êtres sensibles n'ont qu'une conscience et rien d'autre. Ils n'ont pas de corps, et ne sont constitués d'aucune particule physique, si minime soit-elle. Ce sont néanmoins des êtres vivants sensibles, puisqu'ils ont une conscience.

De même, notre corps est actuellement en vie, car il est animé par une conscience. Le jour où la conscience aura quitté ce corps, il ne sera plus vivant. Il deviendra un objet inerte, inanimé, pareil à un bout de bois, rien de plus. Tout ce que nous faisons pour un cadavre n'a aucun effet karmique sur la personne, car sa dépouille est devenue une chose inerte, une substance inanimée comparable à une quelconque marchandise. La forme, elle, n'a pas changé, mais ce qui est alors différent, c'est que ce corps n'est plus habité par une conscience. C'est pourquoi, ce que nous appelons «être vivant», «être sensible», c'est en fin de compte le continuum de l'esprit, la continuité de la conscience. A un niveau subtil, c'est juste un courant de conscience, le courant d'existence de l'esprit.

Par exemple, en tant qu'être humain, nous possédons un corps. Notre conscience en est le possesseur. A ce titre, elle exerce une influence sur ses mouvements et ses expressions. Bien qu'il s'agisse alors d'activités corporelles, ce sont en fait des activités de la conscience. Dans la mesure où la conscience est présente, elle agit au travers du corps. Nous considérons que ces mouvements sont exclusivement corporels mais en réalité, l'activité du corps est une expression de l'activité de la conscience. Il n'y a donc pas que les êtres sans forme qui ont une conscience, mais aussi des êtres qui, comme nous, ont une forme, et qui, en définitive, ne sont rien d'autre qu'un courant de conscience. Et ce courant de conscience fait l'expérience de la souffrance, du bonheur, de sensations neutres, agit de diverses manières, pense, se déplace... Tout ce qui se passe en nous est en fait un fonctionnement de la conscience. Le plus important, ce qui est déterminant, ce n'est donc pas le corps, mais bien la conscience.

Pour comprendre correctement le Karma et ses effets, il faut bien saisir la nature de ce système. Ce qu'on appelle «Karma», ce sont les actions du corps, de la parole et de l'esprit. Nous pouvons accomplir des «actions positives ou négatives». Toute action a nécessairement un effet immédiat. Toutes les actions, quelles qu'elles soient, ont un effet. Il serait faux de croire que l'effet d'une action ne se produit que des années plus tard. Il se produit immédiatement.

Une action a deux effets, l'un visible, externe, et l'autre interne. Si nous tuons une personne par exemple, l'effet externe de notre acte est que notre victime a perdu la vie. L'effet interne se situe à un niveau subtil de notre conscience. C'est en fait la conscience qui accomplit l'action et, simultanément, un effet est produit dans la conscience. Quel est-il ? Il est constitué par des empreintes laissées sur notre courant de conscience. Chacun de nos actes laisse une marque, une trace. Cette marque ou empreinte fonctionne à la manière d'un logiciel informatique. Si l'ordinateur est correctement programmé, nous en obtiendrons les résultats escomptés. S'il y a un bug dans le programme, nous en subirons les conséquences.

Dès qu'une action est accomplie, elle laisse une empreinte subtile sur le continuum mental de son auteur. C'est un processus automatique et naturel. Ces empreintes subtiles, ces graines karmiques comme nous les appelons aussi, sont déjà l'effet. Le résultat karmique est déjà là. Ce qui vient ensuite, c'est le mûrissement, l'accroissement et le renforcement de l'effet karmique, comme pour la graine plantée dans le sol. Dans la graine, l'arbre est déjà en germe, à l'état potentiel. Il est déjà programmé dans la graine. Elle ne fait que mûrir du fait des conditions qui concourent à son évolution.

Lorsque notre esprit agit, son action laisse une empreinte dans notre continuum mental. C'est le premier effet du Karma, de l'action. Le mûrissement et le renforcement de cette empreinte se passent également au niveau de l'esprit. Tout ce dont nous faisons aujourd'hui l'expérience est une expérience de la conscience. Nos expériences physiques sont aussi des expériences de la conscience. Les «empreintes karmiques» ne sont pas des phénomènes physiques, mais bien des phénomènes mentaux. Elles constituent une potentialité présente dans le continuum mental. Les conditions qui en assurent la maturation sont les facteurs mentaux.

Une graine plantée dans le sol a besoin pour croître et mûrir de conditions adéquates (terre, eau, lumière...). La graine est constituée de matière et sa croissance requiert des facteurs de nature physique. De même qu'à partir de la graine est engendré un résultat, lorsque l'empreinte karmique a mûri, elle produit un résultat manifeste, un résultat à pleine maturité qui est lui-même une expérience mentale, une expérience de la conscience. Le déroulement de ce processus mental est donc le suivant : accumulation des causes, formation de l'effet, mûrissement de l'effet jusqu'à achèvement de la maturation, expérience manifeste du résultat à pleine maturité. Tout se passe dans la conscience des individus, des êtres vivants et non ailleurs. Toutes nos expériences résultent du Karma dit-on. Voilà ce que cela signifie.

Il est très important de bien comprendre cela. Sinon, nos douleurs physiques, nos expériences malheureuses, nos joies et nos bonheurs, tout cela restera mystérieux. Bien qu'étant très subtils, un peu comme des microprocesseurs électroniques, ces mécanismes sont néanmoins aisément reconnaissables. Il est essentiel de bien en comprendre le fonctionnement : L'empreinte karmique détermine un type particulier de conscience. C'est cette conscience elle-même qui fait toutes les expériences.

C'est ainsi que nous accumulons, par exemple dans l'instant présent, un certain Karma dont nous expérimenterons plus tard le résultat correspondant. Mais l'expérience du résultat est fonction du type de conscience qui fait cette expérience. L'expérience elle-même dépend donc d'un certain type de conscience. Cette conscience particulière est un résultat conditionné et produit par une cause karmique. C'est pourquoi, chaque être, chaque individu, fait ses propres expériences de manière individuelle.

Il y a différentes catégories d'êtres vivants. Nous, les humains, faisons des expériences semblables, parce que nous avons accumulé des causes karmiques semblables. Ce sont des similitudes de consciences entre divers individus qui engendrent des expériences similaires. Chacun de nous fait pourtant ses expériences personnelles en fonction de son Karma individuel. Ce qui est agréable pour l'un peut être désagréable pour l'autre. Ainsi, même si extérieurement les expériences sont identiques, elles seront ressenties différemment sur le plan intérieur de la conscience individuelle en fonction du conditionnement karmique propre à la conscience de chaque individu. Aussi rencontre-t-on des expériences communes et d'autres purement personnelles. Le rôle de la conscience est donc primordial. Nous pouvons ainsi comprendre comment l'accumulation de Karmas est dépendante de la conscience et comment s'établit la relation entre nos actions et nos expériences. Nous avons ainsi évoqué le rôle et le fonctionnement du Karma.

Toutes nos expériences dans le cycle des existences sont le résultat de nos Karmas et de nos Klesha. Les Klesha sont les perturbations mentales, les facteurs perturbateurs de l'esprit. Ce sont des facteurs mentaux. Ces facteurs perturbateurs sont très nombreux.

On dénombre globalement cinquante-et-un facteurs mentaux, dont vingt-six facteurs perturbateurs (six facteurs perturbateurs principaux et vingt facteurs perturbateurs secondaires). Ce sont notamment la haine, la colère, le désir, la jalousie, l'orgueil, l'avarice... Ce sont eux les responsables de tous les problèmes, des nôtres et de ceux d'autrui.

Lorsqu'il est dit que dans le cycle des existences les êtres vivants sont conditionnés par leur Karma et leurs Klesha, cela ne veut pas dire que chaque Karma met nécessairement en jeu l'ensemble des facteurs perturbateurs

de l'esprit (haine, colère, désir, jalousie...).
Cela n'est pas possible. Ils ne peuvent pas apparaître tous en même temps. Dans notre vie où les perturbations mentales sont pourtant si fréquemment manifestes, fort heureusement, la haine, la jalousie, le désir ou autre ne peuvent pas être toujours présents. Ces facteurs perturbateurs de l'esprit sont déjà suffisamment puissants et nous causent déjà assez de problèmes comme cela, mais par chance, leur apparition est discontinue. Toutes nos actions ne sont pas conditionnées par la haine, la colère, l'envie...

Lorsque nous disons que les facteurs perturbateurs de l'esprit sont la cause de nos expériences samsariques, cela ne concerne pas tous les facteurs perturbateurs. Les multiples perturbations mentales, il est vrai, rendent nos expériences de la vie quotidienne encore plus difficiles. Mais, plus précisément, ce sont «l'ignorance» et «l'attachement» qui constituent les causes fondamentales du Samsara.

Ce sont eux les responsables de notre conditionnement dans le cycle des existences.

L'attachement fondamental n'est pas forcément une passion, un désir violent ; il peut être extrêmement subtil. Dans le domaine d'existence qui est le nôtre, le Monde du désir, toutes les formes de perturbations mentales sont opérantes. En revanche, dans d'autres sphères d'existences (dans *le Rupadatu* – «monde de la forme» et *l'Arupadatu* – «monde sans forme»), les facteurs perturbateurs de l'esprit ne sont pas aussi actifs que dans le monde du désir. Il ne s'y trouve ni désir puissant, ni haine ou colère violentes... Cependant, en tous les êtres vivants du Samsara, quel que soit leur domaine d'exitence, gisent ignorance et attachement subtil fondamentaux. Même au niveau le plus élevé du monde sans forme appelé sommet du cycle des existences, dont sont absentes les perturbations mentales grossières que nous connaissons, subsistent néanmoins ignorance et

attachement subtil. L'attachement fondamental est une saisie du cycle des existences,
une incapacité de lâcher prise à l'égard du
bonheur du cycle des existences.

Tout d'abord vient l'ignorance fondamentale : il s'agit de la saisie de l'existence propre,
d'une entité indépendante du «je», de la personne. Elle se situe à un niveau très subtil de
la conscience. Sur la base de cette ignorance
naît en nous l'attachement fondamental.
Nous nous accrochons à une existence indépendante qui entraîne un ardent désir d'être
heureux.

Cette forte saisie de l'existence indépendante s'étend à tous les domaines du cycle
des existences, jusqu'au sommet du cycle des
existences inclus. Même à ce niveau, les individus possèdent cette même ignorance et ce
même attachement qui enchaînent tous les
êtres du Samsara, sans exception. L'ignorance
est la base et l'attachement est comme la colle
qui nous fixe au cycle des existences. C'est

tout cela qui est sous-entendu lorsqu'il est dit que les causes du cycle des existences sont les Karmas et les facteurs perturbateurs de l'esprit. Les Karmas, ce sont les actions positives, négatives ou neutres que nous accomplissons dans le cycle des existences. Les Klesha sont ici l'ignorance et l'attachement fondamentaux. Tous deux sont responsables de toutes les expériences samsariques agréables ou désagréables.

Si en plus de ces deux facteurs perturbateurs subtils, d'autres plus grossiers apparaissent, comme cela se produit pour nous qui connaissons la haine, la colère, la jalousie etc., la vie dans le Samsara n'en sera que plus difficile et plus problématique. Cela est indubitable. Mais les perturbations mentales qui conditionnent essentiellement les êtres dans le cycle des existences, les y enchaînent puissamment et les y retiennent prisonniers sont bel et bien l'ignorance et l'attachement fondamentaux.

Nous avons dit précédemment que c'est à cause des empreintes karmiques laissées dans notre continuum mental que nous faisons des expériences diverses. Il importe de donner quelques précisions sur ce point. Qu'est-ce au juste qu'un «continuum mental» ? Nous ne devons pas l'imaginer comme un fil ou un cordon continu semblable à celui qui traverse un rosaire par exemple et en maintient les grains ensemble, ou comme quelque chose qui durerait longtemps, passerait de vie en vie, les reliant les unes aux autres et qui traverserait la personne. Une telle représentation du continuum mental est fausse. Il n'existe aucune entité permanente s'inscrivant dans la durée, qui relie les vies entre elles. Le continuum mental ou courant de conscience n'est rien d'autre que la réunion d'une succession de nombreux instants de conscience. Un état de conscience ne dure qu'un instant ; il apparaît et disparaît aussitôt. Chaque instant de conscience produit l'instant de conscience qui lui succède, il en est la cause. L'instant suivant est le résultat de l'instant précédent, et ce dernier engendre à nouveau un instant suivant... Dès que l'instant suivant est produit, l'instant précédent a disparu. Le deuxième est un effet du premier, une continuité du premier.

L'esprit ne dure donc qu'un instant mais le continuum mental, soumis à la loi des causes et des effets, poursuit le cours de son existence, comme le cours d'un fleuve. En effet, tout comme l'esprit, le fleuve ne reste qu'un instant dans le même état. Parce que son débit est continu, il nous donne l'impression d'un phénomène continu, ininterrompu. En fait, notre esprit ne dure pas plus longtemps que l'état du fleuve à un instant donné. Il est un phénomène momentané, transitoire. Il est néanmoins caractérisé par une continuité d'instants de conscience similaires, un peu comme des enfants qui ressemblent physiquement à leurs parents. Il y a donc similitude entre les différents instants du courant de conscience, du continuum mental, mais il n'y a pas totale identité, pas d'entité unique, mais un flux continu.

A ce propos, il convient de préciser que la continuité dont nous parlons se situe à deux niveaux. Ce qui passe dans l'existence suivante, ce n'est pas l'ensemble de notre continuum mental de cette vie. Le fonctionnement de ce processus est autre. Dans notre vie actuelle, nous faisons l'expérience de divers niveaux de conscience plus ou moins subtils. Le plus grossier est celui dans lequel nous nous trouvons à présent. Il correspond à l'état de veille. Lorsque nous rêvons, en revanche, nous nous trouvons à un niveau de conscience plus subtil ; et quand nous dormons profondément, d'un sommeil sans rêve, ce qui fonctionne, c'est alors un niveau de conscience encore plus subtil. Lorsque viendra le moment de notre mort, tout au long d'un processus de dissolution, les divers niveaux de conscience apparaissent et se résorbent un à un dans des niveaux de plus en plus subtils, jusqu'à ce que la mort clinique se produise. Toutefois, à ce stade, le processus de la mort n'est pas encore achevé ; ce n'est pas encore la fin de l'individu concerné. La conscience y demeure pendant un certain temps, plus ou moins long. Après l'arrêt de la respiration, plusieurs niveaux de résorption des états de consciences se produisent jusqu'à ce qu'apparaisse le plus subtil appelé «la claire lumière». Cet état de claire lumière est le plus subtil que le continuum mental d'un être ordinaire puisse atteindre. Tout individu fait naturellement l'expérience de cet état lors du processus de la mort et c'est cela même que nous appelons la mort. La mort n'est ni une interruption, ni un trou vide. Lorsque le continuum mental, le courant de conscience atteint le niveau le plus subtil, l'état de claire lumière, il se trouve alors en état de mort. La mort est donc un état de l'esprit. C'est ainsi qu'il faut la considérer réellement.

Après que la conscience soit restée quelques temps dans cet état, commence un nouveau processus amenant à des états de conscience progressivement plus grossiers. Ce n'est plus la mort. Une nouvelle vie a commencé. Il ne faut donc pas considérer la mort comme un vide entre deux états. Elle est l'état le plus subtil de la conscience. Cela nous montre aussi que nous ne sommes rien d'autre qu'un courant de conscience, un continuum mental.

A présent, notre conscience se trouve à un niveau très grossier. Elle agit à travers notre corps tout entier et nos organes sensoriels. Elle anime tout, nos mains, nos bras, nos jambes.... Dans le processus de la mort, tandis que la conscience passe par des niveaux de plus en plus subtils, son influence sur le corps grossier régresse jusqu'à atteindre le point le plus subtil où elle n'agit plus du tout sur lui. L'individu demeure néanmoins un être vivant à part entière. La taille de son corps grossier n'a ni augmenté ni diminué. Mais sa conscience ayant atteint un état très subtil, elle n'apparaît plus avec évidence, sous les aspects grossiers que nous lui connaissons aujourd'hui. Tous ces niveaux grossiers de l'esprit se sont développés au cours de cette vie et prendront fin avec elle. Ce qui continue, c'est le courant d'existence du niveau de conscience le plus subtil, tous les niveaux grossiers s'étant trouvés résorbés dans le processus de la mort.

Ces explications nous permettront de mieux comprendre les circonstances de la renaissance. Si nous y réfléchissons et les analysons précisément, ces choses n'ont rien de secret ni de mystérieux. Elles sont parfaitement compréhensibles.

Le processus du développement de la conscience depuis l'état le plus subtil jusqu'au stade le plus grossier est le *Bardo*, «l'état intermédiaire». Quand la conscience a atteint son niveau le plus subtil, c'est la mort, suivie d'une nouvelle phase de développement de la conscience. Dès le premier instant, tous ces «mécanismes» se déroulent exclusivement au niveau de la conscience. Prenons l'exemple d'un être humain : le Samsara d'un humain commence avec le premier contact de la conscience avec les cellules parentales. Puis la conscience passe par des niveaux de plus en plus grossier et évolue avec l'individu. Ce que nous appelons «adulte» n'est rien d'autre qu'une conscience d'adulte et ce que nous appelons «enfant» rien d'autre que la conscience de l'enfant. Le corps joue le même rôle qu'une maison. Il «abrite» la conscience. Les processus grossiers et les phases de développement de la conscience sont ce que nous appelons vie. Lorsque le point le plus subtil est de nouveau atteint, il y a état de mort... suivi d'un nouveau processus grossier, d'une vie qui s'achève avec l'état de claire lumière et la mort... Voilà ce que sont les renaissances et le cycle des existences.

Il serait faux de se représenter la succession des renaissances comme les perles d'un rosaire maintenues par le fil qui les traversent. C'est une image tout à fait inappropriée. Il vaudrait mieux comparer ce processus à un chapelet de saucisses. Dans un chapelet de saucisses, chaque saucisse suit l'autre avec un nœud étroit entre deux. A l'extrémité d'une saucisse, il y a un rétrécissement suivi d'un nœud puis d'un nouvel épaississement. Les saucisses ne sont ni maintenues ni traversées par un fil. Elles sont simplement reliées les unes aux autres. Il en va de même de la conscience qui passe d'un état subtil à un état grossier, jusqu'à un nouvel état subtil, suivi d'un nouvel état grossier. Ainsi s'enchaînent la vie, la mort, la vie suivante... Le rétrécissement au niveau du nœud d'un chapelet de saucisses est semblable à la mort. A partir de cet état d'esprit très subtil émergent tous les aspects les plus grossiers de la conscience. C'est la renaissance.

Ce processus de déroulement de la vie n'est par nature ni positif ni négatif, mais simplement neutre, comme sont neutres les phénomènes naturels de la pluie, des graines qui volent au vent, des plantes qui poussent. Ce n'est donc pas le processus de vies et de morts lui-même qui est en cause, mais bien la manière dont nous le traversons. C'est à ce niveau-là que le problème se pose.

Les *Arhats*, les *Arya Bodhisattvas* et les *Bouddhas* ont, dans le déroulement de ce processus, une entière liberté, une totale liberté de choix. Avec le but précis d'accomplir le bien de tous les êtres, ils décident de leur naissance et des circonstances qui l'entourent. Les êtres samsariques que nous sommes y sont soumis sans pouvoir exercer le moindre contrôle sur leur conscience. Notre courant de conscience n'a aucune liberté mais subit des expériences conditionnées par nos actions qui sont elles-mêmes conditionnées par les circonstances. Les conditions engendrent en effet des actions, qui laissent des empreintes et ces dernières déterminent nos expériences. Ainsi en va-t-il du cycle des existences dans lequel nous n'avons ni choix ni liberté. C'est là que se situe le problème et c'est ce qui fait la différence entre les Arhats, les Arya Bodhisattvas et les Bouddhas qui ont atteint la libération, et les êtres ordinaires qui ne l'ont pas obtenue.

Il n'est pas facile de parvenir à la libération. Il faut pour cela beaucoup de détermination et d'efforts. Tous les Bodhisattvas ne l'ont pas réalisée, mais seulement les Arya Bodhisattvas, les «Bodhisattvas supérieurs», qui ont réalisé directement la vacuité du «je», «la vérité ultime des phénomènes». S'étant éveillés du sommeil de l'ignorance, ils ont atteint la libération.

Les Bodhisattvas ordinaires sont des êtres saints, pleins d'altruisme, de compassion, de qualités très élevées, mais ils ne sortiront pas du sommeil de l'ignorance tant qu'ils n'auront pas obtenu la réalisation directe de la vérité ultime. Aussi longtemps que nous resterons plongés dans le sommeil de l'ignorance, tant que nous ne nous en réveillerons pas, nous errerons, sans la moindre liberté, dans le cycle des existences, poussés par les forces du Karma, des perturbations mentales et de l'ignorance. Voilà ce qui différencie les êtres du Samsara de ceux qui en sont sortis.

Cela explique pourquoi le Samsara et le Nirvana, le cycle des existences et la libération, sont des «états de conscience» et non des lieux géographiques ou autre chose d'approchant. La technologie moderne permet d'atteindre rapidement des contrées lointaines, mais elle ne peut nous faire atteindre le *Nirvana*. L'asservissement au Samsara, de même que l'obtention du Nirvana, de la libération, relèvent tous deux de l'esprit.

C'est dans le but de mieux connaître et comprendre notre situation présente qu'il est important de bien réfléchir à tout ce que nous venons de voir. Les maladies, les guerres, la mort sont certes des maux, des problèmes de nos existences samsariques, mais elles n'en sont pas la cause. L'erreur fondamentale réside dans la manière dont nous-mêmes et tous les autres êtres menons notre existence. C'est là que se trouve l'essentiel du problème. Toutes nos autres difficultés, tous nos autres maux ne sont que des symptômes de cette erreur fondamentale. Nous devons comprendre ce point en profondeur, en en intégrant vraiment la signification, car seule cette compréhension peut nous convaincre de rechercher la libération et faire naître en nous la volonté de l'atteindre.

Quand nous aurons réalisé cela pour nous-mêmes, il nous sera plus facile de comprendre la situation dans laquelle se trouvent les autres êtres et la nature de leurs problèmes. A partir de là, nous pourrons faire naître envers eux une réelle compassion ; non pas une émotion sentimentale passionnelle, mais une authentique compassion qui se soucie de tous les êtres sans exception. Un sentiment émotionnel peut, s'il est bien orienté, être positif. Mais il est dépendant des conditions extérieures qui le provoquent. Si nous rencontrons une personne misérable, dans un état pitoyable, nous y sommes sensibles et sommes émotionnellement touchés. Nous éprouvons alors une compassion émotionnelle. Mais, si nous ne nous trouvons pas en présence de personnes susceptibles de l'éveiller, nous n'éprouverons aucune compassion et à la place, nous nous sentirons envieux, jaloux, chercherons à rivaliser avec autrui..., et avec ces sentiments-là apparaissent toutes les difficultés. Un sentiment émotionnel peut être positif, car il peut conduire à fournir à autrui une aide nécessaire. Mais il est insuffisant. Il nous faut arriver à développer une compassion dirigée également envers tous les êtres quels qu'ils soient, qu'ils soient pauvres ou nantis. Une telle compassion ne peut naître que de la compréhension de la situation fondamentale dans laquelle se trouvent les êtres du cycle des existences. Et pour cela, nous devons commencer par analyser notre propre condition, bien y réfléchir, sinon, nous n'aboutirons à rien.

Sur la base de notre compréhension de l'erreur fondamentale de notre existence conditionnée, naîtra une réelle prise de refuge. C'est lorsque nous nous trouvons dans une situation extrêmement critique que nous avons besoin d'aide et non pas lorsque tout va bien. Quand quelque chose ne va pas bien, nous devons chercher une solution, une aide, une protection et un guide pour nous tirer d'embarras. Telle est la signification de la prise de refuge. Ce n'est ni une coutume, ni une cérémonie, ni un rituel, mais un recours indispensable à la solution de notre problème essentiel.

Quand nous cherchons aide et protection pour nous libérer de tous nos problèmes, il ne peut s'agir d'un refuge quelconque, car un tel guide, une telle protection, une aide pareille sont très difficiles à trouver. Lorsque nous recherchons une réelle protection, nous ne pouvons pas faire confiance à n'importe qui ou n'importe quoi. Dans un domaine ordinaire, nous pouvons trouver refuge auprès d'objets divers, de personnes qui sont nos semblables. Quand il pleut, nous nous abritons sous un parapluie qui nous protège de la pluie. Il nous évite de nous faire mouiller et cela est suffisant. Mais quand nous prenons refuge, nous ne cherchons pas juste à nous abriter de la pluie. Nous cherchons une protection durable contre les problèmes fondamentaux du cycle des existences. D'où la nécessité de prendre refuge auprès des Trois Joyaux.

Que signifie cette nouvelle expression. Les Trois Joyaux sont trois objets précieux. Quels sont-ils ?

Le premier de ces objets précieux, de ces objets de refuge est constitué par tous les êtres parfaitement éveillés, par ceux qui n'ont pas seulement atteint la libération du cycle des existences, mais qui sont en outre capables de montrer à tous les autres êtres le chemin à suivre pour parvenir à cette même libération.

Le deuxième objet de refuge est constitué par «le chemin» et «la méthode» que nous montrent les êtres éveillés.

Le troisième objet de refuge est l'ensemble de tous les êtres qui suivent sérieusement ce chemin, qui nous le montrent et qui ont déjà atteint certains résultats, certaines réalisations. En d'autres termes, les objets de refuges sont le *Bouddha*, le *Dharma* et la *Sangha*. Bouddha, Dharma et Sangha sont des mots Sanskrits.

*Bouddha* signifie «le parfaitement éveillé» ; c'est celui qui s'est complètement libéré de tous les problèmes et de toutes les causes de difficultés. Il est aussi «celui qui possède toutes qualités», toutes facultés pour libérer également tous les autres êtres de la souffrance et des causes de la souffrance. Tel est le premier objet de refuge.

Le *Dharma* c'est constitué par le chemin, la méthode, les enseignements et leur contenu. Nous devons d'abord connaître les enseignements, bien les comprendre, les intégrer à l'esprit et les mettre en pratique. Tel est le deuxième objet de refuge.

Quant à la *Sangha*, elle est formée de tous ceux qui montrent le chemin et de ceux qui le suivent. Ce sont donc les pratiquants authentiques déjà engagés sur la voie. Tel est le troisième objet de refuge.

Pour prendre refuge, nous avons besoin de ces trois objets de refuge. Celui qui recherche pour lui ou pour les autres êtres une libération complète ne peut absolument pas se passer de ces trois objets de refuge. Un seul ou même deux d'entre eux ne suffisent pas. Les trois sont indispensables. Nous devons bien comprendre cela.

Si l'on veut pratiquer sérieusement le Dharma et méditer correctement, on doit avoir une exacte compréhension de la pratique du refuge. Pratiquer sérieusement, méditer sérieusement... cela est certes indispensable mais la connaissance est tout aussi indispensable. Nous devons être capables de nous souvenir du contenu des enseignements et toujours en approfondir notre connaissance.

Selon un dicton tibétain, «le Dharma doit être entendu cent fois» Si nous devons entendre cent fois le Dharma, il est évident qu'une fois ne suffit pas... Lorsque nous écoutons une histoire ou un discours politique, la plupart du temps, une fois nous suffit largement. Les écouter davantage deviendrait ennuyeux. La première fois, ils peuvent présenter un intérêt, mais ensuite, ils n'apportent plus rien. Ce n'est pas du tout la même chose dans le domaine du Dharma. Au contraire, il est toujours utile de l'écouter à nouveau afin de laisser chaque fois une empreinte plus profonde dans notre esprit. Le Dharma doit en effet imprégner toujours plus notre esprit, jusqu'à ce que cette empreinte devienne indélébile. C'est pourquoi on dit qu'il faut l'écouter cent fois, ce qui ne veut pas dire qu'il faille écouter cent Dharmas différents, mais bien cent fois le même Dharma. Il y a bien sûr, une part d'humour dans ce dicton, mais aussi une part de vérité.

Prendre refuge n'est pas une pratique que l'on doit faire juste au début du chemin, ou avant de méditer ou seulement avant une autre pratique et que l'on peut oublier ensuite. Au contraire, c'est une pratique qui doit être «toujours présente», du début à la fin, chaque fois plus profonde et plus intense.

La pratique du refuge englobe plusieurs aspects. Le premier est la base ou la cause sur laquelle elle s'appuie. Pourquoi cherchons-nous un refuge ? Ce point doit être très clair dans notre esprit. Si nous ne l'avons pas bien compris et que nous nous contentons de réciter le texte du refuge, nous ne pourrons pas être vraiment sincères et notre pratique du refuge manquera de sérieux. Lorsque nous prenons refuge, nous devons le faire très sérieusement et cela n'est possible qu'à condition d'avoir bien compris la vraie raison de cette pratique. «La cause du refuge», ce qui nous pousse à prendre refuge dans les Trois Joyaux, «c'est la situation difficile dans laquelle nous nous trouvons à présent». Si nous voulons prendre correctement refuge, cette motivation est absolument indispensable. Si cette cause fait défaut, notre pratique du refuge consistera simplement à suivre une coutume, une mode, une tradition. Elle n'aura rien d'authentique et ne pourra pas être juste. Pour être correcte, notre attitude de refuge doit venir du plus profond du cœur et être empreinte d'une grande sincérité. Or cela n'est possible que si l'on prend réellement conscience de la situation dans laquelle on se trouve. A partir de là, l'aspiration à la pratique du refuge naîtra d'elle-même, sans que l'on ait besoin de quoi que ce soit d'autre.

Quand nous nous trouvons dans une situation extrêmement critique, nous avons tôt fait de nous apercevoir, avec tant soit peu de bon sens, que nous sommes incapables de trouver une solution et nous nous mettons naturellement en quête d'aide et de protection. De la même manière, nous devons chercher de l'aide, non seulement pour nos petits problèmes quotidiens, mais surtout pour résoudre la problématique de notre condition samsarique. Nous verrons ainsi apparaître notre aspiration au refuge. Il est indispensable de suivre ce processus.

Le second aspect est constitué par «l'objet de refuge». Quand nous cherchons de l'aide, nous ne pouvons pas nous en remettre à n'importe quoi ou à n'importe qui, pas même à quelque être préféré. Nous devons chercher refuge auprès d'un objet approprié, sinon nous perdrons notre temps et notre énergie.

Si quelqu'un souffre de maladie, une aide véritable lui sera fournie par un médecin compétent. Mais, si au lieu de se fier à un bon médecin, le malade s'en remet aux bons soins d'un cuisinier, il n'aura pas choisi la meilleure solution. Le cuisinier peut être utile en d'autres circonstances, mais pas en cette occasion. Ici, ce qu'il faut c'est un médecin qualifié qui soit capable de donner un diagnostic correct et de prescrire le traitement adéquat. Dans ces conditions, le malade a des chances de guérir.

Quand nous voulons nous libérer des maux du cycle des existences, de toutes les souffrances et de leurs causes, de tous les facteurs perturbateurs de notre esprit, nous devons rechercher un refuge très particulier, un lieu, un objet de refuge spécifique, hors du commun. Il serait totalement inutile de nous réfugier auprès d'une personne mondaine, aussi ordinaire que nous, en proie aux mêmes difficultés que nous. Au contraire, pour que notre démarche ait un sens, l'objet de refuge auprès duquel nous cherchons aide et protection doit être lui-même libre de tout problème et capable de libérer les autres de leurs difficultés. C'est indispensable. Il est alors un objet de refuge valable, correct. Nous voyons ainsi pourquoi il est si important et nécessaire de prendre refuge dans les Trois Joyaux.

Nous avons vu que les Trois Joyaux sont le Bouddha, le Dharma et la Sangha. *Bouddha* signifie «le parfaitement éveillé». Pour ce qui est du *Dharma*, il est plus difficile de lui trouver un équivalent dans les langues occidentales. C'est la raison pour laquelle nous traduisons souvent par «enseignements et réalisations», car le Dharma a ces deux aspects. Le troisième objet de refuge est la *Sangha*, c'est-à-dire «la communauté suprême» qui inclut tous les êtres pleinement éveillés ainsi que les pratiquants partiellement éveillés ou réalisés. Les êtres pleinement éveillés sont les Bouddhas, ceux qui ne le sont qu'à moitié sont les Bodhisattvas, et ceux qui ne le sont qu'au quart sont les Arhat. Il y a aussi des individus qui sont quelque peu engagés sur la voie de l'éveil mais qui ne sont qu'au début du chemin. Dès l'instant où quelqu'un chemine sur la voie vers l'éveil, même s'il n'a fait que le premier pas, il est déjà pour nous un précieux objet de refuge. Cette «communauté suprême» des Bouddhas, des Bodhisattvas, des Arhats, et des pratiquants aux premiers stades du chemin est un objet de refuge très important.

Peut-être vous demanderez-vous : «Quel est le véritable objet de refuge ?» Le véritable objet de refuge est le Dharma. De même, si l'on demande : «Qu'est-ce qui guérit vraiment la maladie ?», ce n'est ni le médecin, ni l'infirmière, mais les médicaments. Ce qui soigne réellement la cause de la maladie, c'est la substance qui agit dans notre corps. Ce principe actif est l'antidote réel. De la même manière, c'est le Dharma qui nous protège réellement ; c'est lui, le deuxième des Trois Joyaux, le refuge effectif qui nous libère de la souffrance et des causes de la souffrance.

Les deux aspects du Dharma, «Dharma des enseignements» et «Dharma des réalisations», sont expliqués de la façon suivante : La pratique du Dharma est l'antidote contre la souffrance et les causes de la souffrance. Il agit dans notre esprit et dissipe les perturbations mentales. Si dans notre esprit apparaît une véritable compassion, elle constitue l'antidote contre notre haine et notre colère naissantes. Quand nous avons développé la patience en notre esprit, nous pouvons vaincre des facteurs négatifs tels que la colère. La compassion, la sagesse, la patience... engendrées dans l'esprit sont la pratique du Dharma. Elles sont le Dharma des réalisations qui doit s'épanouir dans notre propre esprit. Le Dharma des réalisations est le remède direct à la cause de la souffrance. C'est pour cette raison qu'il constitue le véritable refuge.

Le Dharma des réalisations dépend en outre de l'étude du Dharma. Si l'on n'écoute pas correctement les enseignements, que l'on n'en acquiert pas une juste compréhension, on ne saura pas comment développer le Dharma des réalisations. C'est pourquoi cet autre aspect, le Dharma des enseignements, est également nécessaire. Nous pouvons comparer ce dernier à la prescription, à l'ordonnance du médecin. Avec l'ordonnance, nous pouvons acheter le médicament qui sera assimilé ensuite par notre organisme. Sans ordonnance, nous n'obtiendrons pas de médicament, ou si nous prenons n'importe quel traitement, nous risquons d'aggraver considérablement notre état. De même, si l'on essaie de pratiquer le Dharma et la méditation sans «ordonnance», on risque d'obtenir pour résultat des effets indésirables et d'aboutir à une grande confusion. La véritable connaissance est le refuge proprement dit. Mais cette connaissance authentique ne s'obtient qu'au travers d'enseignements appropriés qui constituent le Dharma des enseignements.

Nos deux véritables refuges sont donc le Dharma des enseignements et le Dharma des réalisations. Mais si personne ne montre le chemin, si personne ne donne des enseignements, comment pourrait-on écouter et étudier ? C'est pourquoi le Bouddha nous est indispensable. Il est celui qui donne les enseignements et montre le chemin à suivre.

Bouddha est celui qui nous offre le refuge, comme un médecin expert prescrivant le médicament approprié. Le Dharma est le refuge véritable.

Il est toutefois impossible que le Bouddha surgisse tout à coup d'une manière ou d'une autre dans notre esprit pour le transformer et réparer tout ce qui est défectueux. Le Bouddha lui-même a clairement énoncé qu'il ne pouvait, avec quelque eau, laver les erreurs des êtres, qu'il ne pouvait arracher leurs souffrances comme on extirpe une épine avec la main, qu'il ne pouvait leur transférer ses connaissances comme on offre un cadeau. En revanche, il peut, en montrant la vérité du Dharma, libérer les êtres de la souffrance et des causes de la souffrance. Et c'est ainsi que les êtres peuvent atteindre la libération. Ce processus est entièrement basé sur «la loi de causalité», sur l'enchaînement des causes et des effets. Du fait de la loi de causalité, il est impossible que les Bouddhas prennent le monde sur leurs épaules, même si, de leur côté cette capacité existe. Les Bouddhas peuvent aider les êtres de multiples façons, mais toujours en vertu de la loi de causalité. Ainsi, c'est essentiellement par le don du Dharma que les Bouddhas viennent en aide aux êtres vivants. Le Bouddha est donc celui qui offre le refuge. A ce titre, il doit lui-même être considéré comme un objet de refuge.

La Sangha, la «communauté suprême» doit aussi être considérée comme un objet de refuge. Nous ne devons pas penser que seuls les êtres pleinement éveillés nous aident à développer notre esprit. Il y a aussi tous ceux qui sont sur le chemin, depuis ceux qui y sont tout juste entrés, jusqu'à ceux qui y ont déjà atteint de hautes réalisations. Si nous ne faisons que placer le Bouddha au plus rang et que nous nous voyons à l'autre extrémité, avec tous nos problèmes, nos difficultés et notre situation très ordinaire, sans personne entre les deux, la perspective pourrait nous sembler très décourageante ; nos imperfections et nos défauts nous paraîtraient d'autant plus énormes et nombreux, comparés aux qualités extraordinaires et parfaites des Bouddhas. La distance entre les deux est si grande que nous risquerions d'être facilement démoralisés. En revanche, si nous voyons qu'il n'y a pas que les Bouddhas tout au bout, mais qu'il y a aussi beaucoup d'autres êtres ordinaires qui ont atteint diverses étapes sur le chemin de la libération, la situation devient beaucoup plus encourageante, nous donne à espérer et fait naître en nous la détermination nécessaire. Dès lors, il ne nous semble plus du tout impensable de nous engager sur un tel chemin ; il nous apparaît au contraire comme un objectif tout à fait réalisable. L'ensemble de la suprême communauté, de la Sangha, est donc pour nous un exemple à suivre. Elle est source de protection. Elle nous fournit le soutien et les influences positives indispensables.

Nous voyons ainsi pourquoi il est nécessaire de prendre refuge dans les Trois Joyaux,
dans les trois objets de refuge sans exception
et pas seulement dans le Bouddha et le
Dharma. Si nous ne souffrons pas d'un
simple mal de tête mais que nous sommes
gravement malades, nous avons besoin d'un
bon médecin, de soins médicaux et de médicaments. Pour qu'un malade puisse être
guéri, il n'est pas nécessaire de faire appel aux
plus éminents professeurs, mais il faut avoir
recours à toute une équipe de médecins,
d'infirmières, d'aide soignant(e)s ; même le
personnel de nettoyage a son rôle à jouer. De
la même manière, le Bouddha est celui qui
donne le refuge, le Dharma est le refuge véritable et la Sangha le soutien nécessaire pour
qui cherche la libération des souffrances du
Samsara. Parce que ces trois précieux objets
de refuge sont indispensables, ils sont aussi
appelés les «Trois Joyaux». Le chiffre «trois»
n'a rien en soi de très particulier. S'ils sont

trois, ce n'est pas à cause du chiffre «trois». Tout ce qui va par trois n'est pas forcément positif. Nous parlons aussi des «trois poisons» qui sont les causes de toutes les souffrances : Ce sont «l'ignorance», «l'attachement» et «la colère». Nous avons besoin de ces trois objets de refuge, de ces Trois Joyaux ; ils sont pour nous une nécessité et cela n'a rien à voir avec le chiffre «trois».

Généralement, nous pensons avoir compris ce que signifie le mot Bouddha. Or, il est nécessaire d'en connaître très clairement le sens. Il y a, à ce propos, de nombreuses méprises et idées fausses du fait d'explications insuffisantes. Lorsque l'on parle de Bouddha, pour beaucoup de gens, ce nom évoque une personne bien précise, le *Bouddha Shakyamouni Gautama*, le Bouddha historique, fondateur du Bouddhisme. Cela n'est pas complètement faux, car ce grand Maître est réellement un Bouddha, un être pleinement éveillé, l'exemple précis d'un Bouddha.

Néanmoins, cette représentation est incomplète car Bouddha ne se limite pas à une personne particulière.

Bouddha signifie «être parfaitement éveillé» ; c'est un état. Bouddha est un état de plein éveil. C'est un état de l'esprit. Quand l'esprit est libre de tous obstacles, il est pleinement éveillé.

Il existe trois sortes d'obstacles. Les premiers sont les obstacles karmiques. Ils consistent en accumulation de Karmas négatifs qui laissent dans notre esprit des empreintes qui seront responsables de nos souffrances. Ces obstacles karmiques résultent des «facteurs perturbateurs de l'esprit» ou *Klesha*. Ces perturbations mentales, telles que l'attachement, l'ignorance, la colère, la haine, la jalousie et bien d'autres encore, constituent le deuxième obstacle *(Klesha Avarana)*. Tant que ces deux obstacles seront présents en nous, nous demeurerons dans le cycle des existences, sans jouir de la moindre liberté.

Les Arhats et les Arya Bodhisattvas ont éliminé ces deux premiers obstacles et se sont ainsi libérés du cycle des existences. Mais ils n'ont pas pour autant supprimé le troisième, celui de l'empreinte des facteurs perturbateurs de l'esprit. Quand ces perturbations mentales elles-mêmes sont écartées, elles laissent encore de fines et subtiles empreintes. Celles-ci constituent un très gros obstacle. Ce n'est pas un obstacle manifeste susceptible d'engendrer de la souffrance ; c'est comme une couche subtile en travers du chemin de l'omniscience. Tant qu'un Bodhisattva ne vainc pas cet obstacle, il ne peut atteindre l'état d'omniscience.

Les Bouddhas sont ceux qui ont totalement triomphé de l'ensemble de ces trois obstacles. C'est seulement lorsque tous trois ont été définitivement écartés que l'état de Bouddha devient effectif. L'esprit atteint alors un état de plein éveil, un état omniscient. Bouddha est en réalité l'état d'un tel esprit dans lequel ne subsiste plus aucun voile, plus aucun obstacle et dans lequel toutes les qualités comme la compassion, la sagesse, les pouvoirs, l'énergie positive... sont parfaitement épanouies et constamment présentes. Tel est le sens de l'état d'esprit de «pleine illumination», «d'éveil complet».

Cet état d'esprit n'est rien d'autre que le *Dharmakaya*, «le corps intérieur du Bouddha». Les Bouddhas possèdent trois corps. Le premier est appelé Dharmakaya ou «corps de Dharma» ou encore «corps de vérité». Ce corps de vérité est l'état d'esprit de plein éveil. C'est un corps intérieur. Ce n'est pas un corps formel ou physique. C'est l'esprit du Bouddha. Si le Bouddha demeurait exclusivement dans cet état d'esprit non formel, il ne pourrait atteindre son but qui est d'aider tous les autres êtres ordinaires, car cet état d'esprit éveillé est inaccessible à la compréhension des êtres ordinaires. Les êtres samsariques ordinaires comme nous n'ont aucune perception directe de cet esprit éveillé. Nous pouvons en parler, en entendre parler, nous le représenter d'une certaine manière, mais cette représentation ne reflétera pas vraiment cet état de plein éveil. Même les Bodhisattvas des niveaux les plus élevés ne peuvent établir de relation directe avec cet état. L'état de plein éveil est inconcevable pour les êtres non éveillés.

C'est pourquoi les Bouddhas apparaissent dans un «corps formel», le *Rupakaya* que les autres êtres peuvent voir, avec lequel ils peuvent communiquer, dont ils peuvent recevoir des enseignements et de l'aide. Les Bouddhas prennent un corps formel par la force de leur grande compassion.

Le Rupakaya se présente sous deux différents aspects. Le plus subtil et le plus élevé est le corps formel appelé *Sambhogakaya*, ce qui signifie «corps de jouissance». C'est le corps formel le plus parfait du Bouddha. Il ne peut être perçu directement que par les Arya Bodhisattvas, c'est-à-dire les Bodhisattvas qui ont réussi à éliminer l'ignorance et les perturbations mentales. Ces Bodhisattvas peuvent communiquer avec le Sambhogakaya alors que les autres êtres qui demeurent sous l'emprise de l'ignorance et des perturbations mentales n'y ont toujours pas accès.

C'est donc poussés par leur grande compassion que les Bouddhas apparaissent dans des corps formels d'essence plus grossière que le corps subtil de Sambhogakaya. Ces corps sont appelés Nirmanakaya, ce qui veut dire corps d'émanation ou corps de manifestation. Il existe de nombreux corps d'émanation. Par exemple, le Bouddha historique, le Bouddha Shakyamouni est un corps d'émanation particulièrement rare considéré comme le plus important de tous les temps car il est apparu en ce monde dans des circonstances très particulières à des individus qui étaient karmiquement prêts à rencontrer de telles manifestations. Ces corps d'émanations apparaissent aux êtres fortunés, aux moment et lieu opportuns. Ces corps d'émanation suprême n'apparaissent que très rarement aux êtres ordinaires, aux humains de ce monde par exemple, avec pour seul but d'enseigner le Dharma sans discontinuer. Ces corps d'émanation suprême ont des marques distinctives précises. Les autres individus y reconnaissent les signes caractéristiques des êtres pleinement éveillés et proclament cette réalité. Les corps d'émanation suprême font constamment tourner la roue du Dharma, sans se limiter à quelques-uns de ses aspects. Pour le bien de tous les êtres et pas seulement pour un petit nombre ou un petit groupe, à tous, selon leur niveau et leurs capacités, ils montrent tous les aspects du Dharma.

Il existe d'autres corps d'émanation, appelés corps d'émanation créés. Leur forme et leur aspect ne sont pas précisément définis. Ils ne sont pas toujours reconnaissables. Ils apparaissent aux gens ordinaires de multiples façons. Ils ne se présentent pas nécessairement sous forme humaine, mais aussi bien sous l'aspect d'un animal ou de nombreuses autres manières. Ils apparaissent tantôt à une seule personne, tantôt à deux, ou à un petit groupe d'individus ou encore à un très grand nombre afin d'atteindre leur objectif visant le bien de tous les êtres. Ces corps d'émanation ne se manifestent pas forcément comme de grands saints et des Maîtres de haut niveau, mais ils peuvent tout aussi bien passer pour des personnes tout à fait normales, ou revêtant des aspects inattendus, se présentant, selon ce qui sera le plus utile au bien des individus, comme une personne méchante, ou même un fou, ou n'importe quel homme, femme, enfant ou animal...

Les gens ordinaires sont incapables de discerner les activités secrètes du Bouddha, ils ne peuvent que les présumer. Pour des êtres comme nous, il est très difficile de dire où se trouve l'émanation d'un Bouddha. Cela échappe à nos facultés d'entendement, car ces émanations des Bouddhas ne portent aucune inscription qui puisse nous permettre de les reconnaître. C'est la raison pour laquelle il est extrêmement risqué de porter un jugement sur autrui. Nous pouvons, bien sûr, observer le comportement des autres et en tirer des conclusions. Nous pouvons en parler, penser que telle personne est généreuse ou méchante. Mais nous nous trompons souvent complètement. Même si notre évaluation s'avère parfois correcte, nous n'avons pas pour autant la capacité de porter un jugement absolu, définitif. D'après nos propres observations, nous pouvons penser qu'une personne est mauvaise à tous égards, qu'elle se comporte de manière totalement aberrante, négative, fausse, constater qu'elle a tué des gens. Mais notre capacité à juger la situation est limitée à un certain niveau d'arbitraire. Nous sommes incapables d'un juge-

ment absolu. Pour pouvoir porter des juge-
ments absolus sur les agissements d'autres
personnes, nous devrions nous-mêmes êtres
omniscients.

Si l'on n'est pas omniscient, si l'on est dé-
nué de la faculté de percevoir directement les
dispositions mentales des autres, on ne peut
pas juger, dans l'absolu, de l'esprit de quelqu'un, car les Bouddhas et les Bodhisattvas
peuvent prendre l'apparence d'individus tout
à fait ordinaires qui sont des corps d'émanation créés.

Les Bouddhas possèdent donc ces trois
corps : «le corps de Dharma», «le corps de
jouissance» *(Sambhogakaya)* et «le corps
d'émanation» *(Nirmanakaya)*. Le corps de
Dharma est un corps intérieur, c'est l'esprit
omniscient des Bouddhas. Le corps de Jouissance est un corps subtil, un corps parfait que
seuls les Arya Bodhisattvas peuvent reconnaître. Le corps d'émanation est un corps plus
grossier qui apparaît aux êtres ordinaires.

L'état d'éveil complet est le plus élevé de la libération, le but le plus haut que l'on puisse atteindre. Lorqu'un être y parvient, il est dans l'état dit de «grande union». En l'obtenant, notre propre esprit s'unit à celui de tous les autres êtres éveillés. Il n'y a plus alors aucune différence, plus aucune séparation entre notre esprit et celui de tous les autres êtres éveillés. Tant qu'ils n'ont pas atteint le plein éveil, la totale illumination, les êtres non éveillés sont tous différenciés. Chaque être a son propre continuum mental, bien distinct de celui des autres. Ce que l'un connaît, tel autre ne le connaît pas. Ce que fait l'un, l'autre ne le fait pas... Nous sommes tous différents, avec chacun un courant de conscience distinct. Lorsque nous atteignons le plein éveil, cette séparation, cette dualité n'existe plus. Notre continuum mental s'unifie alors au Dharmakaya, se fond continuellement dans cet état d'omniscience de l'esprit. C'est pourquoi il n'y a pas de différence entre les Bouddhas. Ce que l'un connaît, tous les autres le connaissent aussi. L'activité d'un Bouddha est l'activité de tous les Bouddhas.

L'état de plein éveil est appelé *Jugananda*, ce qui signifie «grande union». Dans cet état s'unissent non seulement le continuum mental des êtres, mais aussi la nature de leur corps, de leur parole et de leur esprit. A présent, nos corps, parole et esprit sont totalement distincts, séparés. Le corps est une chose et l'esprit une autre chose. Ils sont reliés karmiquement et dépendant l'un de l'autre, mais ils ne sont pas d'une seule et même nature. L'esprit et le corps ont chacun leur propre nature. Le travail accompli par le corps ne peut l'être par l'esprit et inversement. Lorsque le plein éveil est atteint, cette séparation entre le corps, la parole et l'esprit s'efface et tous trois sont unifiés dans une seule nature. Les activités et les fonctions des trois deviennent une. C'est une autre signification de ce que l'on appelle la «grande union».

Dans les méditations qui relèvent de la voie des *Paramita* (voie des perfections) et qui, de ce fait ne comportent pas de pratiques propres à la voie des Tantras, les multiples vertus de l'esprit du Bouddha, telle que la compassion, la sagesse, la pureté... sont considérées comme des qualités faisant partie intégrante d'un esprit abstrait et sans forme. Dans les méditations tantriques, tous ces aspects de l'esprit d'un Bouddha ne sont par seulement considérés comme des qualités, mais ils prennent la forme de Déités tantriques. Ainsi, la forme manifestée par «la compassion» est *Avalokiteshvara* ; «la sagesse» est représentée par *Manjushri*, «la pureté» par *Vajrasattva*, «le pouvoir» de tous les Bouddhas par *Vajrapani*, «les activités divines» et «l'énergie» par *Tara*.

Ainsi, dans la pratique de la voie tantrique, à chaque qualité de l'esprit du Bouddha correspond une forme personnifiée sous l'aspect d'une Déité. Ces représentations sont correctes, puisque dans l'état de plein éveil, l'état de Bouddha, l'esprit et la forme sont indissociés. A ce stade, l'esprit peut indifféremment être considéré comme la forme et la forme comme l'esprit. C'est aussi la raison pour laquelle on rencontre autant de Déités différentes dans le Bouddhisme tantrique. Elles ne sont rien d'autre que des qualités de l'esprit du Bouddha, du Dharmakaya. Le Dharmakaya est le corps intérieur de l'omniscience de l'esprit et celui-ci se manifeste sous divers aspects de compassion, d'amour, de sagesse etc... Chacune de ces qualités est ainsi visualisée en tant que Déité avec laquelle nous pouvons communiquer directement comme les gens parlent entre eux. Tout cela devient possible dans l'état de plein éveil.

La «grande union» est donc, celle du corps, de la parole et de l'esprit, d'une part, mais aussi celle de tous les êtres qui ont atteint l'état de plein éveil. Elle est aussi appelée «état d'union» car dans cet état de l'esprit, les deux vérités, «vérité conventionnelle» et «vérité ultime», sont réalisées simultanément.

Tout phénomène, toute existence a deux aspects, deux vérités, une vérité conventionnelle et une vérité ultime. Les êtres qui n'ont pas atteint l'éveil d'un Bouddha, y compris les grands Bodhisattvas, éprouvent la difficulté de la dualité. C'est-à-dire que s'ils comprennent une des deux vérités, ils perdent le sens de l'autre. Nous, les êtres ordinaires, ne voyons qu'une seule vérité, la vérité conventionnelle, et nous la percevons de manière erronée. La vérité ultime nous échappe. Les Arya Bodhisattvas, quant à eux, perçoivent bien les deux vérités, la vérité conventionnelle et la vérité ultime d'une façon correcte. Néanmoins, lorsque leur esprit est profondément plongé dans la vérité ultime, la vérité conventionnelle ne leur apparaît plus. Quand ils sortent de leur méditation sur la vérité ultime, qu'ils œuvrent pour le bien de tous les êtres, alors ils saisissent à nouveau la vérité conventionnelle de manière juste, mais la vérité ultime ne leur apparaît plus. Ils ne peuvent donc percevoir simultanément les deux vérités. La cause de cette incapacité à saisir en même temps les deux vérités est le troisième obstacle, «le voile à l'omniscience» *(Jnyana Avarana)*. De cet obstacle subtil proviennent certaines difficultés, celle de la perception dualiste des deux vérités notamment.

Lorsqu'un Arya Bodhisattva est plongé dans une méditation de claire lumière sur la vérité ultime, dès l'instant où il parvient à écarter ce dernier obstacle, il peut percevoir simultanément dans la même méditation la vérité ultime et tous les phénomènes dans leur nature conventionnelle. Il aura alors atteint l'état de Bouddha. Dès lors, sa méditation et ses activités ne seront plus dissociées. Les Bouddhas sont en effet «constamment absorbés en méditation», car leur esprit est continuellement conscient de la vérité ultime. Cette vérité est toujours présente à leur esprit. Mais dans le même temps, ils perçoivent tous les aspects et fonctions des phénomènes. Telle est l'immense et extraordinaire capacité de l'esprit du Bouddha, de l'état de plein éveil. C'est ainsi que, tout en étant plongés sans interruption dans la vérité ultime, les Bouddhas sont simultanément actifs, œuvrant au bien de tous les êtres vivants. Il n'y a plus à ce niveau de distinction entre méditation et activités. Elles sont totalement unifiées. C'est également cette qualité spécifique des Bouddhas qui est signifiée par l'expression «grande union».

Cette «grande union» est l'état de Bouddha, l'état de plein éveil, le premier objet de refuge. Nous devons considérer celui qui l'a atteint comme un ultime refuge, comme un «guide spirituel», comme celui qui montre le chemin. C'est ce que signifie prendre refuge auprès du Bouddha.

Prendre refuge veut dire accorder, du plus profond du cœur, une confiance totale. C'est une disposition intérieure de l'esprit, qui consiste en une attitude d'entière confiance. Vouer sa confiance au Bouddha, aux êtres éveillés, les considérer comme la plus haute protection, tel est le refuge par motivation ; c'est aussi ce qu'on appelle «le refuge causal».

Un autre aspect de la pratique du refuge consiste à vouloir, en outre, atteindre soi-même cet état. Il s'agit alors du «refuge résultant». Il y a donc deux formes de refuge, le refuge causal et le refuge résultant. Le refuge causal est constitué par d'autres êtres qui ont atteint l'éveil, auprès desquels nous cherchons aide et protection, qui sont pour nous des guides et des modèles. Lorsque nous développons simultanément l'aspiration à obtenir nous-mêmes cet état, ce futur état d'éveil est appelé Bouddha résultant ou refuge résultat : nous prenons refuge avec l'aspiration à atteindre ce but, cet état de Bouddha résultant.

A propos du refuge dans le Dharma, nous avons vu précédemment qu'il comporte deux aspects, le Dharma des enseignements et le Dharma des réalisations. Le refuge dans le Dharma comprend également un refuge causal et un refuge résultat.

Pour nous pratiquants ceux qui ont déjà obtenu dans leur esprit la réalisation de l'état de Bouddha ou de Bodhisattva sont le refuge causal. De telles réalisations sont effectivement dignes de la confiance qu'on leur accorde. Il est juste de leur accorder une très grande valeur et de les vénérer. C'est le refuge dans le Dharma causal. Mais il convient de prendre simultanément refuge dans le Dharma résultant. Ce refuge consiste en une ardente aspiration à obtenir soi-même toutes ces réalisations. Ce Dharma résultant n'est donc pas encore présent en nous mais nous pouvons développer l'aspiration à l'atteindre. C'est la pratique du refuge dans le Dharma résultant.

Nous prenons aussi refuge dans la Sangha, la communauté suprême. Comme nous l'avons vu précédemment, cette communauté suprême est constituée par les Bouddhas, les Bodhisattvas et tous les êtres qui sont sur le chemin de la libération. Il y a, là aussi, un refuge causal et un refuge résultant. La Sangha causale, c'est l'ensemble de tous les Bouddhas, Bodhisattvas et de tous ceux qui ont atteint l'éveil. C'est cette Sangha que nous devons vénérer avec foi, que nous devons profondément estimer. Là aussi nous devons également cultiver le désir d'atteindre nous-mêmes l'état de Bouddha ou de Bodhisattva, cette détermination constituant la pratique du refuge dans la Sangha résultante.

Telle est la manière dont on prend refuge dans les Trois Joyaux en tant que causes et résultats. Les Trois Joyaux causaux sont d'autres êtres et leurs réalisations. Ils sont notre protection et notre lieu de refuge. Les

Trois Joyaux résultants sont l'état de Bouddha, le Dharma et la Sangha que nous atteindrons nous-mêmes dans le futur, que nous devons développer en nous-mêmes. C'est dans le but de développer cette aspiration et d'atteindre cet état que nous pratiquons le refuge causal dans les Trois Joyaux.

Voilà très brièvement ce qu'il faut comprendre à propos des Trois Joyaux. Il faut savoir pourquoi l'on prend refuge. Si l'on est conscient de ce qu'elle signifie, la pratique du refuge ne se cantonnera pas à une simple coutume, au pur respect d'une tradition religieuse. Nous comprendrons qu'elle nous est indispensable si nous voulons nous libérer des facteurs perturbateurs de l'esprit et de toutes leurs conséquences. Or, cette libération ne peut être atteinte que si l'on emploie les antidotes appropriés. Les perturbations mentales ont pour antidote des qualités de l'esprit telles que la compassion, la sagesse... Ces dernières sont le Dharma des réalisations, le véritable Dharma. Ces réalisations sont le résultat du Dharma des enseignements qui montre le chemin qu'il convient de suivre, qui indique comment on peut développer en soi ces qualités. C'est pourquoi le Dharma est le refuge premier. Mais ce Dharma provient du Bouddha, et à ce titre, le Bouddha occupe dans la pratique du refuge une place essentielle, de même que la Sangha. Nous voyons ainsi que les Trois Joyaux sont un refuge indispensable si nous voulons parvenir au but fixé.

Lorsqu'on cherche à atteindre des objectifs ordinaires, tels que s'enrichir, aplanir des difficultés temporaires et des maladies, le Bouddha, le Dharma et la Sangha ne sont pas des refuges indispensables. Il suffit dans ce genre de situation d'avoir recours à une personne fortunée ou à un bon médecin. Lorsque nous sommes sous la menace d'un individu ou d'une autre nation, nous pouvons nous réfugier dans un pays libre et nous mettre ainsi à l'abri du danger. Mais tous ces problèmes sont temporaires et superficiels et les protections qui nous permettent de nous y soustraire seront elles-mêmes temporaires, incertaines et superficielles. Nous ne trouverons pas, de cette manière, de protection vraiment fiable et durable. En revanche, celle que nous offrent les Trois Joyaux est durable et en tous temps adaptée à notre situation. En dehors des Trois Joyaux, nous ne trouverons aucun autre lieu de refuge qui puisse nous fournir une telle protection.

La motivation correspondant à la prise du refuge est indispensable quelles que soient les pratiques auxquelles nous nous consacrons. Nous sommes tantôt occupés à étudier, à méditer, à nous concentrer, ou encore à méditer sur des Déités ou à réciter des prières ou des Mantras. Tout cela est très positif et très utile, mais pour que ces pratiques puissent vraiment être fructueuses, produire leur effet, elles doivent avoir une fondation stable et solide. Et cette base, c'est la pratique du refuge dans les Trois Joyaux. Si cette conviction est fortement ancrée en nous, toutes les méditations et récitations que nous entreprendrons seront efficaces, et nous permettront d'atteindre des résultats positifs. Si tel n'est pas le cas, nous risquons de pratiquer durant de longues années sans grands résultats, sans progrès tangibles. C'est pourquoi nous avons abordé toutes ces explications sur la prise de refuge.

Certains pensent que prendre refuge est un rituel, une cérémonie requise pour devenir bouddhiste. Il n'existe aucune cérémonie qui transforme les gens en bouddhistes. Devenir bouddhiste, devenir un pratiquant du Dharma ne tient qu'à une motivation personnelle, à une disposition de l'esprit. Aucune cérémonie, aucune initiation ne peut transformer en pratiquant du Bouddhisme celui qui n'a aucune des motivations ou dispositions mentales correspondant à celles d'un pratiquant du Dharma.

Il est, par conséquent, très utile de prendre refuge. Grâce à cette disposition d'esprit, nous pouvons devenir d'authentiques pratiquants du Dharma. C'est pourquoi il est dit que la méditation commence avec la prise de refuge. Il ne s'agit pas seulement des premières lignes d'une prière, mais de la pratique proprement dite du refuge qui est le point de départ de la méditation.

L'ensemble du Dharma et des pratiques qui lui sont propres sont inclus dans les trois points suivants : «vues correctes», «éthique correcte» et «méditation correcte». Les vues correctes sont une juste compréhension de la philosophie bouddhiste. Elles sont acquises par l'étude, l'analyse et la réflexion. Par éthique correcte, on entend toutes les actions positives qu'il convient de développer et toutes les actions négatives qu'il convient d'éliminer. Ces deux premiers points sont fondamentaux. Ensuite seulement vient la méditation correcte. Elle consiste en un juste «entraînement de l'esprit» visant le développement de la concentration et d'autres qualités positives. Cette méditation débute toujours par la prise du refuge ; c'est donc avec cette dernière que commence vraiment le travail intérieur.

Pour ce qui des vues et de l'éthique correctes, il n'est peut être pas indispensable, pour les développer, de prendre refuge dès le début. Nous pouvons avoir une éthique corporelle, verbale et mentale qui soit correcte pour l'essentiel sans avoir compris ce que sont les Trois Joyaux. Il en va de même pour la philosophie, tout au moins pour certaines vues philosophiques, dont l'assimilation ne requiert pas que l'on ait préalablement pris refuge. Mais la vraie méditation, quant à elle, commence par la pratique du refuge. Si l'on ne prend pas refuge dans les Trois Joyaux, la méditation que l'on entreprend ne peut pas être une pratique du Dharma.

Toute méditation, qu'il s'agisse de méditation analytique ou de méditation de concentration, effectuée sur la base de la pratique du refuge, sera bénéfique. Dans les méditations sur les Déités, ou dans le *Gourou-Yoga*, que beaucoup d'entre nous pratiquent d'ores et déjà, il est possible de s'exercer à ces deux aspects de la méditation, (analyse et concentration). Dans tous les cas, la méditation débute par la compréhension de la pratique du refuge.

Les motivations avec lesquelles nous prenons refuge sont certes variables. Il se peut que nous prenions refuge pour nous-mêmes, que nous recherchions l'aide des Trois Joyaux pour résoudre certains de nos problèmes. Ils seront, de toutes façons, la meilleure aide que nous puissions trouver. Mais la juste motivation d'un pratiquant du Dharma n'est pas de prendre refuge pour résoudre ses petits problèmes personnels. La majorité des problèmes personnels ne sont que des symptômes. Le véritable problème, c'est celui qui est la cause de tous les autres, et qui, au bout du compte, se trouve dans notre propre esprit. Il est constitué par les perturbations mentales.

Prendre refuge auprès des Trois Joyaux pour se libérer des causes de tous les problèmes pour cette vie et les vies futures est une motivation tout à fait correcte. Et si, en plus de nous-mêmes, nous incluons tous les autres à cette pratique, notre motivation n'en sera que plus juste et plus puissante. Si nous nous tournons vers les Trois Joyaux sans but égoïste, que nous prenons conscience de la relation qui nous unit en permanence à tous les autres êtres vivants, comme les membres d'une même famille, que nous prenons refuge et recherchons l'aide des Trois Joyaux, nous aurons alors la motivation la plus solide et la plus noble qui soit.

Edition Rabten
*Publications*

Nous, **Edition Rabten**, nous efforçons de mettre à la disposition du public le contenu des enseignements du Bouddha et les précieux conseils de notre Maître sous forme de livres modernes, ainsi que par d'autres moyens. Ils constituent une source d'inspiration et incitent à développer la nature bonne et pacifique de l'esprit comme l'a enseigné Bouddha.

Notre série d'études offre des textes, destinés aux études personnelles, permettant d'approfondir les connaissances, ainsi que des textes tibétains rares, à tirage limité.

La série de livres pour enfants décrit des épisodes des vies antérieures de Bouddha Shakyamouni et incite à suivre son exemple, ainsi que celui d'autres grands Maîtres.

Des logiciels interactifs spéciaux permettent d'utiliser un traitement de texte efficace, adapté à la langue tibétaine, avec Clearlook Word Processor.

Tous nos produits ont été crées grâce à la collaboration bénévole des étudiants et amis du Centre des Hautes Etudes Tibétaines Rabten Choeling au Mont-Pèlerin en Suisse.

Dans les pages suivantes vous trouverez une sélection de nos produits. Vous pouvez aussi nous rendre visite sur Internet.

http://edition.rabten.com

Gonsar Rimpoché

# Le Bouddhisme
Une introduction

Au coeur du Bouddhisme on ne trouve ni le Bouddha, ni l'illumination, ni les réalisations supérieures, ni aucun dieu, mais les êtres sensibles et leurs situations.

livre broché, 87 pages, ISBN 3-905497-19-0

*Une série d'enseignements qui nous introduit d'une façon claire et précise aux fondements du Bouddhisme tibétain.*

**Tantra** – Une introduction

livre broché, 89 pages, ISBN 3-905497-31-X

Disponible également en allemand et en italien.

Gonsar Rimpoché

# Louange et Méditation des 21 Tara

Tara est l'une des Déités les plus révérées et adulées du Bouddhisme Mahayana. La prière et le rituel de Tara constituaient l'une des pratiques les plus répandues dans l'Inde ancienne, dans toutes les traditions du Bouddhisme tibétain, ainsi qu'au Népal, en Chine et en Mongolie. Comprendre les points essentiels de cette pratique est le facteur-clef permettant de recevoir les bénédictions de la Déité.

livre broché, 154 pages
format 12 / 19 cm
ISBN 3-905497-24-7

Guéshé Rabten

# Trésors du Dharma

Un cours de méditation
sur le Bouddhisme tibétain

Ce livre est la transcription du premier
cours de méditation donné par Guéshé
Rabten en Occident en 1974.

C'est un guide complet pour tous ceux qui
souhaitent sincèrement étudier et mettre en
pratique le Bouddhisme.

relié, 336 pages (4 pages en couleur)
format 15/22 cm
ISBN 3-905497-12-3

Disponible également en allemand et en anglais.

Guéshé Rabten

# Le Chant de la vue profonde

Un récit intimiste qui conduit au coeur de la méditation de l'un des plus grands Maîtres de notre temps. Une approche poétique de la vacuité – nature ultime des êtres et des choses – qui entraîne le lecteur dans cette expérience personnelle dont les grands sages ne parlent que très rarement.

Reflet d'une personnalité extraordinaire alliant la bonté infinie à la force de caractère, la mélodie du *Chant de la vue profonde* est aussi un appel au développement des qualités de coeur, une exhortation à la maîtrise de son propre esprit.

livre broché, 120 pages
format 12/19 cm
ISBN 3-905497-17-4

Les Histoires du Jataka

# Les Quatre Amis

Conté par
Gonsar Rimpoché

Ce récit du Jakata symbolise la paix et l'harmonie, le respect mutuel et celui à avoir envers les personnes âgées, qui sont la base indispensable pour une vie harmonieuse.

relié, 28 pages, illustré en 4 couleurs
format 21/29 cm
ISBN 3-905497-16-6

Disponible également
en allemand, en anglais et en italien.

Alan Wallace

# Vie et Enseignements
# de Guéshé Rabten

Un lama tibétain contemporain
à la recherche de la vérité

La biographie de Guéshé Rabten offre un aperçu sur la manière dont les moines au Tibet étudiaient et s'entraînaient. Il s'agit probablement du premier livre traitant de l'existence d'un Guéshé publié en Occident.

Il devrait produire un intérêt proportionnel à sa valeur informative.

*Tenzin Gyatso, XIVe Dalaï Lama*

livre broché, 284 pages
format 14/20 cm
ISBN 2-86487-017-7

Dokhang Khangtsen

# The Oral Transmission

Ce CD propose un enregistrement extrêmement rare d'un rituel de méditation appartenant à la lignée de transmission orale de la tradition Guélougpa du Bouddhisme tibétain, exécuté dans sa forme pure et authentique. Les dix psalmodies sont chantées et accompagnées aux instruments par des moines de la communauté de Dokhang du monastère de Ganden Schartsé en Inde du sud, réputés pour la perfection de leurs chants.

disque compact
durée 60 minutes

Apprenez à écrire le tibétain en vous amusant

# Tibétain actuel

Manuel expliquant tous les caractères
tibétains, logiciel multimédia permettant
d'acquérir une prononciation correcte
et traitement de texte pour le tibétain
(Windows 95/98/NT4)

Avec la fonction défilement vous faites
défiler les caractères un à un ; en cli-
quant sur la syllabe représentée vous enten-
dez la prononciation correcte ; avec le traitement de texte vous écrivez parfaitement les
syllabes tibétaines ; les Mantras apparaissent
en phonétique tibétaine et peuvent être vi-
sualisés correctement

Font, Browser, Notepad

Essai gratuit sur *www.clearlook.com*